6級 과 5級

漢字能力檢定對備

태을출판사

머 리 말

　바야흐로 문화권이 아메리카주에서 태평양 아시아주로 전이 되어 오고 있다. 아시아에서 세계시장 중 제일의 버금가는 중국시장이 우리곁에 가까이에 버티고 있다. 대 중국과의 교역, 한편으로는 일본을 능가하려는 민족의 열기가 그 어느 때 보다도 고조되어 있는데 우리의 것만을 고집하며 멀리 보려들지 않는 문자의 쇄국정책이 문화·경제의 쇄국정책과 무엇이 다르겠는가? 어느 나라 말은 공공연하게 받아드려지고 간과하지 말아야 할 한자는 왜그리 아우성하며 배척하려드는지? 모르긴해도 영어 몇 마디 구사하는 것은 유식하고 권위있다고 보면서 한자를 사대사상의 잔재라고 타부시하는 인사가 더러 있다.

　이 세계는 영어 문화권의 인구가 13억이라면 한자 문화권은 17억이나 된다고 한다. 우리는 한문 문화권에 속해 있다. 일본은 지금 총칼 대신 문화로 우리를 넘보고 있는 형국인데 우리는 그들을 잘모른다. 개방 이전에 그들을 충분히 알 수 있었는데도 반도국가의 고질적인 '나만의 주장이 옳다' 는 양보 없는 탁상공론만을 일삼고 있었다. 이제 원치 않더라도 개방은 이미 되어있는 상황이고 한자와 일본어를 늦은 감은 있지만 지금부터라도 그들의 문화까지 능히 알수 있을 만큼 능력을 배양해야 할 때라고 사료된다.
　그래서 한자학습이 그 어느 때보다도 활성화 되어야 하며 결코 간과해서는 안될 것이다.
　우월과 졸렬은 기복이 있기 마련, 고로 모든 것을 개방하고 그들을 배우고 이기려는 분발하는 자세가 보다 미래지향적이며 내일의 발전을 도모하는 첩경일 것이다. 여기 한자 활성화를 해야 하는 목적이 국화의 순화인데 그것에 밀접한 영향을 주는 것이 다름 아닌 한자이다. 그리고 한자 검정을 위해 대비하는 사람들은 내일을 예견하고 대비하려는 융통성을 겸비한 분일 것임을 확신하는 바이며 노력한 만큼의 성과가 있기를 빌어마지 않는다..
김영배 드림

일 러 두 기

◧ 집필법

◑ 볼펜을 잡을 때 볼펜심 끝으로부터 3cm가량 위로 인지(人指)를 얹고 엄지를 가볍게 둘러대는데 이때 종이바닥면에서 50°∼60° 정도로 경사지게 잡는 것이 가장 좋은 자세입니다. 단, 손의 크기 또 볼펜의 종류나 폭의 굵기에 따라 개인 차는 있을 수 있습니다.

한자(漢字)에는 해서체(楷書體)·행서체(行書體)·초서체(草書體)가 있고 한글에는 각각 개개의 특유 한글체가 있으나 정자체와 흘림체로 대별하여 설명하자면 각기 그 나름대로 완급(緩急)의 차이가 있으나 해서체나 작은 글씨일수록 각도가 크고 행서·초서·흘림체나 큰 글씨일수록 경사 각도를 낮게하여 50° 이하로 잡습니다. 50°의 각도는 손 끝에 힘이 적게 드는 각도인데, 평소 볼펜이나 플러스펜을 쓸 때 정확히 쓰자면 50°∼60°의 경사 각도로 볼펜을 잡는 것이 가장 운필하기에 알맞을 자세라고 할수 있습니다.

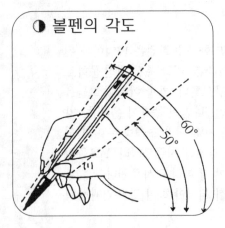

◑ 볼펜의 각도

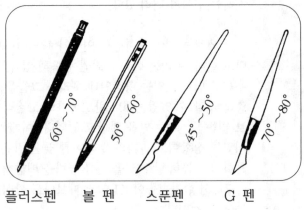

플러스펜   볼 펜   스푼펜   G 펜

◧ 볼펜과 이외의 용구

◑ 볼펜이나 플러스펜은 현대에서의 보편적이고 합리적인 필기 용구로써 널리 일반적으로 쓰여지고 있습니다. 이외의 것으로 스푼펜을 비롯하여 챠드글씨용의 G펜, 제도용의 활콘펜 등이 있으나 스푼펜은 글씨 연습용으로 가장 적합한 필기구이지만 현실적으로 실용적이라 할 수 없고 볼펜이나 플러스펜이 주류인데 이것으로의 쓰기연습은 지면과의 각도를 크게 그리고 가급적 높게 잡아 쓰는 버릇이 보다 효과가 크게 나타납니다.

◑ 펜의 종류

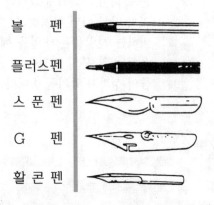

볼 펜

플러스펜

스 푼 펜

G 펜

활 콘 펜

漢字의 六書

아무리 많은 한자일지라도, 또 그 모양이 아무리 복잡한 것일지라도 그것들 모두는 「육서(六書)」즉, 다음 여섯 가지의 방법에 의해 만들어졌다.

여기서 육서(六書)란 상형 · 지사 · 회의 · 형성 · 전주 · 가차문자를 말하는데 그 내용은 다음과 같다.

1. **상형문자(象形文字)** : 어떤 사물의 모양을 본떠서 만든 문자.
   - 日은 해 (☼), 月은 달 (ᐅ)을 본뜬 글자이다.
2. **지사문자(指事文字)** : 형상으로 나타낼 수 없는 추상적인 생각이나 뜻을 선이나 점으로 표현한 글자.
   - 上은 위 (ᰧ)를, 下은 아래 (ᰨ)를 뜻함.
3. **회의문자(會意文字)** : 이미 있는 둘 이상의 문자를 결합해서 새로운 뜻을 나타내는 문자.
   - 男 :〔田+力〕→男으로 밭에서 힘쓰는 사람, 곧 '사내'를 뜻하는 문자등을 말함.
4. **형성문자(形聲文字)** : 이미 있는 문자를 결합해서 한 쪽은 뜻(형부)을, 한 쪽은 음(성부)를 나탸내는 문자.
   - 淸 :〔 氵(水) → 뜻 + 靑(청) → 음〕→ 淸(청)으로   氵(水)는 '물'의 뜻을, 靑은 '청'이라는 음을 나타내어 '맑을 청' 자가 됨.
5. **전주문자(轉注文字)** : 이상 네 가지 문자의 본디 뜻을 바꾸어 새로운 뜻을 나타내는 문자.
   - 長 : 길다(장) → 어른(장), 惡 : 나쁘다(악) → 미워하다(오)
4. **가차문자(假借文字)** : 전주문자는 뜻을 전용했지만 가차는 문자의 음을 빌려 쓰는 방법이다.(주로 외래어 표기에 이용된다.)
   - 亞細亞-아세아, 印度-인디아.

전국 한자능력 검정 시험에 관한 안내

(1) 시험일
- 정규시험은 1년에 두번으로 5월 세째 주 토요일과 11월 첫째 주 토요일에 실시한다.
- 응시 1개월 전에 조선일보에 수험안내가 공고된다.

(2) 응시자격 : 제한 없음.
- 급수를 선택하여 능력에 맞게 응시.
- 단, 1급만 하위급수인 2급합격자에 한하며 2급 합격증 사본을 접수시 첨부해야 한다.
- 전 급수가 같은 날 동시에 치뤄지므로 여려 급수를 동시에 응시하기는 불가능하다.

(3) 시험장소 고사장-장소가 변할 수도 있음.
- 서울은 서초동에 있는 사단법인 어문학회와 종로서점 6서당에서 접수하고 자기집에서 가까운 고사장으로 선택할 수 있다.
- 지방은 접수처와 고사장이 동일, 자기집에서 가까운 접수처에 접수하고 그 곳이 바로 고사상이 된다.(현, 8급에서 2급까지는 전국 200여개 고사장이 있음.)
  단, 1급은 서울은 경기대학, 지방은 대구경북대학에서만 주관하고 있다.

(4) 급수 검정료
- 현, 8급은 8,000원, 1급은 35,000원이지만 인상여지가 있는 문제이므로 그 시기 접수처로 문의하길 바란다.

(5) 접수시 준비물
  1. 반명함판 사진 2매
  2. 은행 무통장 검정료 입금증
  3. 한글이름과 한자이름
  4. 주민등록번호
  5. 합격시 합격증을 받을 수 있는 정확한 주소화 우펴번호를 준비해야 한다.

(6) 합격기준은?

▣ 8급에서 2급까지는 출제문항수는 70%이상 득점하면 합격, 1급은 출제 문항수의 80%이상 득점하여야 합격한다.(합격자의 급수증은 우편으로 발송됨)

(7) 본회의 한자능력검정시험에 합격하면 어떤 이점이 있는가?

▣ 초등학생, 중학생, 고등학생은 생활기록부의 자격증난에 필히 기재된다. 예전에는 학교장 재량에 의해 특기사항에 기록되었을 뿐이다.(교육부 공인 등록 이전)

▣ 대학에서는 몇몇곳에서만 총장 재량에 의해 TOEIC · TOFLE · COMPUTER · 한자검정 중 하나를 선택하여 합격해야 졸업증을 수여 받을 수 있었지만 사단법인 한국어문학회가 교육부 공인 받은 이후 한자검정의 선택이 각광받는 추세이고보면 여러 대학에서도 한자검정을 부전공으로 채택할 가능성도 커지고 있다. (단, 이것은 대학의 총장 재량임.)

▣ 일반에서는 행정, 서무 등의 기관부서에서 한자검정을 장려하고 있는 추세이고 기관장의 재량으로 승진고가에 참착되는 곳도 있다 한다. 그리고 육군 간부 승진에서도 하사관급, 위관급, 영관급이 승진고가에 한자검정이 각 5급, 4급, 3급으로 반영되고 있는 부대도 있다고 한다.

문의처 : 사단법인 한국어문학회

· 교육부 공인 등록 : 2000-1
· 주소 : 137-770   서울특별시 서초구 서초동 1627-1(교대벤쳐타워501호)
· 전화 : 02) 525-4951 (代)
· FAX : 02) 525-4954
· 홈페이지 : http//www.hanja.re.kr
(기타 자세한 사항이나 궁금증은 이 홈페이지를 이용할 수 있음)

급수별 한자능력검정시험 안내(1)

급수별	배 정 한자수	하위급 한자수	총범위 한자수	읽기 문제 범 위	쓰기 문제 범 위	시 험 기 간	합 격 점 수 (이상)	수 준
8급	50자		50자	50자	없음	50분	35점	초등학교 1학년
7급	100자	50자	150자	150자	없음	50분	49점	초등학교 2학년
준6급	(150자)	(150자)	(300자)	300자	50자	50분	56점	초등학교 3학년
6급	150자	150자	300자	300자	150자	50분	63점	초등학교 3학년
5급	200자	300자	500자	500자	300자	50분	70점	초등학교 4학년
준4급	250자	500자	750자	750자	400자	50분	70점	초등학교 5학년
4급	250자	750자	1000자	1000자	500자	50분	70점	초등학교 6학년
준3급	400자	1000자	1400자	1400자	750자	60분	105점	중학생
3급	407자	1400자	1807자	1807자	1000자	60분	105점	고등학생
2급	543자	1807자	2350자	2350자	1807자	60분	105점	대학생및 일반인
1급	1150자	2350자	3500자	3500자	2000자	90분	160점	전문가 교양인

급수별 한자능력검정시험 안내(2)

급수별	총문항	문제유형구분에 따른 출제기준(출제문항수는 변할 수도 있음)										
		讀音 쓰기	訓音 쓰기	漢字 쓰기	反義語 相對語	四字句 完成型	뜻풀이	同義語 類義語	同 音 異義語	略 字	部首	長短音
8급	50	25	25									
7급	70	32	30		3	3	2					
준6급	80	32	30	10	3	3	2					
6급	90	33	23	20	4	4	2	2	2			
5급	100	35	24	20	4	5	3	3	3	3		
준4급	100	35	22	20	3	5	3	3	3	3	3	
4급	100	30	22	20	3	5	3	3	3	3	3	5
준3급	150	45	27	30	10	10	5	5	5	3	5	5
3급	150	45	27	30	10	10	5	5	5	3	5	5
2급	150	45	27	30	10	10	5	5	5	3	5	5
1급	200	50	32	40	10	15	10	10	10	3	10	10

漢字의 一般的인 筆順

1 위에서 아래로	**8 오른쪽 위의 점은 나중에**
위를 먼저 쓰고 아래는 나중에	오른쪽 위의 점을 맨 나중에 찍음
一 二 三, 一 T 工	一 ナ 大 犬, 一 二 三 式 式

2 왼쪽서 오른쪽으로	**9 책받침은 맨 나중에**
왼쪽을 먼저, 오른쪽을 나중에	一 厂 斤 斤 近 近 近
丿 刂 川, 丿 亻 仁 代 代	丷 丷 兰 羊 关 送 送

3 밖에서 안으로	**10 가로획을 먼저**
둘러싼 밖을 먼저, 안을 나중에	가로획과 세로획이 교차하는 경우
丨 冂 月 日, 丨 冂 冂 用 田	一 十 ナ 古 古, 一 十 土 声 志
	一 十 ナ 支, 一 十 土
	一 二 才 才 末, 一 十 卄 艹 共

4 안에서 밖으로	**11 세로획을 먼저**
내려긋는 획을 먼저, 삐침을 나중에	① 세로획을 먼저 쓰는 경우
丿 小 小, 一 二 丁 示	丨 冂 巾 由 由, 丨 冂 冂 用 田
	② 둘러쌓여 있지 않는 경우는 가로획을 먼저 쓴다.
	一 T 干 王, 丶 二 十 丰 主

5 왼쪽 삐침을 먼저	
① 左右에 삐침이 있을 경우	
丿 小 小, 一 十 土 ナ 亦 亦 赤	
② 삐침사이에 세로획이 없는 경우	
丿 尸 尸 尺, 一 亠 广 六	

6 세로획을 나중을	**12 가로획과 왼쪽 삐침**
위에서 아래로 내려긋는 획을 나중에	① 가로획을 먼저 쓰는 경우
丨 冂 口 中, 丨 冂 冂 日 甲	一 ナ 左 左 左, 一 ナ ナ 在 在
	② 위에서 아래로 삐침을 먼저 쓰는 경우

7 가로 꿰뚫는 획은 나중에	
가로획을 나중에 쓰는 경우	丿 ナ 右 右 右, 丿 ナ 冇 冇 有 有
乚 女 女, 乛 了 子	

♣ 여기에서의 漢字 筆順은 外의 것들도 많지만 대개 一般的으로 널리 쓰여지는 것임.

6級

漢字能力檢定對備

漢字能力檢定
7급과 준 6급 포함

1	⼧ - 5	宀宀宀宁宇宇家家家	家具(가구)	家庭(가정)	木家(목가)	
中 家	집 가 house	家 家				

2	欠-14	一可哥哥歌歌歌	歌曲(가곡)	歌手(가수)	歌謠(가요)	
中 歌	노래 가 song	歌 歌				

3	口 - 6	ノクタ冬各各	各界(각계)	各自(각자)	各種(각종)	
中 各	각각 각 each	各 各				

4	角 - 7	ノ ケ ゲ 角 角 角 角	角度(각도)	三角(삼각)	四角(사각)	
中 角	뿔 각 horn	角 角				

5	門-12	｜ ｜ ｜ ｢ ｢ 門 問 間	間隔(간격)	間接(간접)	時間(시간)	
中 間	사이 간 interval	間 間				

기본문제 1·2·3   위를 가리고 아래 기본문제를 풀어보시오.

• 본문의 기본문제는 해답없이 스스로 풀어보세요.

문제 1 다음 한자의 독음을 쓰시오.

家		角	

문제 2 다음의 한글을 한자로 쓰시오.

각		간	

각각 **각**
사이 **간**

문제 3 위 쓰기란의 한자를 보기로 다음 사자성어의 빈칸을 완성하시오.

家		戶	戶

가가호호: 집집마다.

6급 300字

漢字能力檢定

7급과 준 6급 포함

重要結構

6	心-13	ノ 厂 厈 咸 咸 感 感	感覺(감각)	感謝(감사)	感情(감정)			
中 感	느낄 감 feel	感 感						

7	水-6	丶 丶 氵 氵 江 江	江南(강남)	江流(강류)	江山(강산)			
中 江	강 강 river	江 江						

8	弓-12	弓 弘 弘 弧 強 強 強	強國(강국)	強制(강제)	強弱(강약)			
中 強	강할 강 strong	強 強						

9	門-12	丨 冂 冂 門 門 門 開	開發(개발)	開閉(개폐)	開學(개학)			
中 開	열 개 open	開 開						

10	車-7	一 厂 厅 冃 車 車 車	車馬(거마)	馬車(마차)	列車(열차)			
中 車	수레 거 / 수레 차	車 車						

기본문제 1·2·3

위를 가리고 아래 기본문제를 풀어보시오.

문제 1 다음 한자의 독음을 쓰시오.

感		强	

문제 2 다음의 한글을 한자로 쓰시오.

강		거	

강 강
수레 거

문제 3 위 쓰기란의 한자를 보기로 다음 사자성어의 빈칸을 완성하시오.

漢		投	石

한강투석:한강에 돌던지기처럼 애쓴 보람이 없음.

漢字能力檢定

7급과 준 6급 포함

重要結構

11	ㄴ-8	一 亠 亠 古 古 亨 京 京	京城(경성)	京鄕(경향)	北京(북경)
中 京	서울 경 / capital	京 京			

12	田-9	丨 冂 冂 冊 冊 田 界 界	境界(경계)	世界(세계)	限界(한계)
中 界	경계 계 / border	界 界			

13	言-9	亠 亠 亖 言 言 言 計	計算(계산)	累計(누계)	合計(합계)
中 計	셈할 계 / count	計 計			

14	口-5	一 十 十 古 古	古今(고금)	古代(고대)	古典(고전)
中 古	옛 고 / old	古 古			

15	ㅣ-9	一 十 艹 艹 苫 苦 苦	苦生(고생)	苦痛(고통)	苦學(고학)
中 苦	괴로울 고 / bitter	苦 苦			

기본문제 1 · 2 · 3   위를 가리고 아래 기본문제를 풀어보시오.

문제 1 다음 한자의 독음을 쓰시오.

京		古	

문제 2 다음의 단어를 한자로 쓰시오.

각	계	

사회의 여러분야.

문제 3 위 쓰기란의 한자를 보기로 다음 사자성어의 빈칸을 완성하시오.

各		各	層

각계각층 : 사회의 여러 분야와 여러 계층.

6급 300字

漢字能力檢定
7급과 준 6급 포함

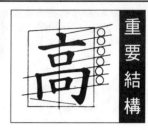

16	高-10	一 亠 古 高高高高	高級(고급)	高等(고등)	高低(고저)
中	高	높을 고 / high	高 高		

17	工-3	一 T 工	工夫(공부)	工業(공업)	工場(공장)
中	工	장인 공 / artisam	工 工		

18	八-6	丶 八 公公	公共(공공)	公務(공무)	公平(공평)
中	公	공평할 공 / impartial	公 公		

19	工-5	一 T 工 功功	功勞(공노)	功臣(공신)	成功(성공)
中	功	공 공 / merit	功 功		

20	八-6	一 十 卄 井井共	共同(공동)	共産(공산)	共生(공생)
中	共	함께 공 / together	共 共		

기본문제 1·2·3

위를 가리고 아래 기본문제를 풀어보시오.

문제 1 다음 한자의 독음을 쓰시오.

公	共		

문제 2 다음의 단어를 한자로 쓰시오.

공	개		

아무에게나 보고 듣고 할 수 있게 개방함.

문제 3 위 쓰기란의 한자를 보기로 다음 사자 성어의 빈칸을 완성하시오.

	明	正	大

공명정대 : 조금도 사사 로움이 없이 공평하고 바름.

漢字能力檢定
7급과 준6급 포함

重要結句

21	穴 - 8	` ´ ` 宀 宀 灾 宍 空	空間(공간)	空軍(공군)	上空(상공)	
中	空	빌 공 / empty	空 空			

22	木 - 8	` 丨 口 曰 旦 甲 昇 果	果實(과실)	果樹(과수)	因果(인과)	
中	果	실과 과 / truit	果 果			

23	禾 - 9	` ´ 千 禾 禾 利 科 科	科目(과목)	科學(과학)	敎科(교과)	
中	科	과목 과 / subject	科 科			

24	儿 - 6	` 丨 丷 ´ 半 光	光明(광명)	光速(광속)	觀光(관광)	
中	光	빛 광 / light	光 光			

25	亠 - 6	` ´ 亠 六 亦 交	交際(교제)	交通(교통)	外交(외교)	
中	交	사귈 교 / associate	交 交			

기본문제 1·2·3 위를 가리고 아래 기본문제를 풀어보시오.

문제 **1** 다음 한자의 독음을 쓰시오.

空	間		

문제 **2** 다음의 단어를 한자로 쓰시오.

고	공	

높은 공중. 드높은 하늘.

문제 **3** 위 쓰기란의 한자를 보기로 다음 사자 성어의 빈칸을 완성하시오.

因		應	報

인과응보 : 선악의 인연에 따라 갚음을 받는다는 말.

6급 300字

漢字能力檢定
7급과 준 6급 포함

重要結構

26	木-10	木 杧 柼 栌 柼 柼 校	校監(교감) 校長(교장) 學校(학교)
中	校	학교 교 / school	校 校

27	攵-11	一 亠 六 占 亨 亨 亨	教師(교사) 教養(교양) 教育(교육)
中	教	가르칠 교 / teach	教 教

28	乙-2	丿 刀 九 公	九班(구반) 九番(구번) 九日(구일)
中	九	아홉 구 / nine	九 九

29	口-3	丨 冂 口	口頭(구두) 入口(입구) 港口(항구)
中	口	입 구 / mouth	口 口

30	匚-11	一 厂 匚 匚 品 品 品 區	區分(구분) 區別(구별) 市區(시구)
高	區	구역 구 / limits	區 區

기본문제 1·2·3   위를 가리고 아래 기본문제를 풀어보시오.

문제 1 다음 한자의 독음을 쓰시오.

教	科		

문제 2 다음의 단어를 한자로 쓰시오.

개	교	

새로 세운 학교에서 처음으로 수업을 시작함.

문제 3 위 쓰기란의 한자를 보기로 다음 사자 성어의 빈칸을 완성하시오.

三	遷		之

삼천지교 : 맹자 어머니가 세 번 이사하며 자식을 교육 시켰다는 말.

 6급 300字

漢字能力檢定

7급과 준6급 포함

 重要結構

31	玉-11	王 王 玗 玒 球 球 球	球團(구단)	求心(구심)	地球(지구)		
高	球	구슬 구 / ball	球 球				

32	口-11	丨 冂 同 同 國 國 國	國民(국민)	國語(국어)	國際(국제)		
中	國	나라 국 / nation	國 國				

33	車-9	⼍ 宀 宀 宀 冒 宣 軍	軍人(군인)	陸軍(육군)	海軍(해군)		
中	軍	군사 군 / military	軍 軍				

34	邑-10	フ ユ ヨ 尹 君 君阝 郡	郡守(군수)	郡廳(군청)	市郡(시군)		
中	郡	고을 군 / district	郡 郡				

35	辵-8	´ ⼃ ⼢ 斤 斤 近 近	近代(근대)	近方(근방)	遠近(원근)		
中	近	가까울 근 / near to	近 近				

기본문제 1·2·3   위를 가리고 아래 기본문제를 풀어보시오.

문제 1 다음 한자의 독음을 쓰시오.

國	軍		

문제 2 다음의 단어를 한자로 쓰시오.

공	군		

전투기 등으로 공중 전투와 폭격 등의 공격·방어 임무를 맡은 군대.

문제 3 위 쓰기란의 한자를 보기로 다음 사자성어의 빈칸을 완성하시오.

遠	交		攻

원교근공 : 먼 나라와 화친하고 가까운 나라부터 공격해 가는 병법.

6급 300字 漢字能力檢定
7급과 준6급 포함

36	木-10	木 朴 朳 相 根 根	根本(근본)	根性(근성)	根源(근원)
中	根	뿌리 근 / root	根 根		

37	人-4	ノ 人 今 今	今年(금년)	今日(금일)	古今(고금)
中	今	이제 금 / now	今 今		

38	金-8	人 人 合 全 余 余 金	金冠(금관)	金利(금리)	金額(금액)
中	金	쇠 금 / 성 김	金 金		

39	心-9	ク ク 久 仁 乌 急 急	急求(급구)	急性(급성)	時急(시급)
中	急	급할 급 / hurry	急 急		

40	糸-10	幺 幺 糸 糾 級 級 級	級數(급수)	等級(등급)	學級(학급)
高	級	등급 급 / grade	級 級		

기본문제 1·2·3 위를 가리고 아래 기본문제를 풀어보시오.

문제 1 다음 한자의 독음을 쓰시오. 近 間

문제 2 다음의 단어를 한자로 쓰시오. 고 금 옛날과 지금.

문제 3 위 쓰기란의 한자를 보기로 다음 사자성어의 빈칸을 완성하시오. 東 西 古 동서고금 : 동양과 서양, 옛날과 지금.

漢字能力檢定

7급과 준6급 포함

重要結構

41 气-10	´ ´ 气 气 気 氣 氣	氣分(기분)	氣運(기운)	空氣(공기)			
中 氣	기운 기 / vitality	氣 氣					

42 言-10	´ 宀 言 言 記 記 記	記錄(기록)	記事(기사)	日記(일기)			
中 記	기록할 기 / record	記 記					

43 方-14	方 扩 扩 於 旗 旗 旗	旗手(기수)	白旗(백기)	青旗(청기)			
高 旗	깃발 기 / flag	旗 旗					

44 田-7	ㅣ 冂 冂 田 田 里 男 男	男性(남성)	男子(남자)	男女(남녀)			
中 男	사내 남 / man	男 男					

45 十-9	一 十 宀 内 內 南 南 南	南山(남산)	南部(남부)	東南(동남)			
中 南	남녘 남 / south	南 南					

기본문제 1·2·3 위를 가리고 아래 기본문제를 풀어보시오.

문제 1 다음 한자의 독음을 쓰시오.

國	旗	

문제 2 다음의 단어를 한자로 쓰시오.

공	기	

지구대기의 아래층 부분을 이루고 있는 산소와 질소.

문제 3 위 쓰기란의 한자를 보기로 다음 사자성어의 빈칸을 완성하시오.

男		北	女

남남북녀 : 예로부터 남자는 남쪽, 여자는 북쪽이 잘 생겼다는 말.

 漢字能力檢定
7급과 준6급 포함

46	入-4	ㅣㄇㄇ内	短期(단기)	短點(단점)	長短(장단)
中	内	안　　　내 inside	内　内		

47	女-3	ㄑㄨ女	答辯(답변)	對答(대답)	應答(응답)
中	女	계집　　　녀 woman	女　女		

48	干-6	㇉ㄴㄴㄴ年年	堂叔(당숙)	講堂(강당)	法堂(법당)
中	年	해　　　년 year	年　年		

49	辰-13	ㄇ曲严農農農	大小(대소)	大賞(대상)	大學(대학)
中	農	농사　　　농 agriculture	農　農		

50	夕-6	㇀ㄅㄉ夕多多	代身(대신)	代理(대리)	代表(대표)
中	多	많을　　　다 many	多　多		

기본문제 1·2·3   위를 가리고 아래 기본문제를 풀어보시오.

문제 **1** 다음 한자의
독음을 쓰시오.

校	内	

문제 **2** 다음의 단어를
한자로 쓰시오.

남	녀	

남자와 여자.

문제 **3** 위 쓰기란의
한자를 보기로 다음 사자
성어의 빈칸을 완성하시오.

多		益	善

다다익선 : 많으면 많을
수록 더욱 좋음.

漢字能力檢定
7급과 준 6급 포함

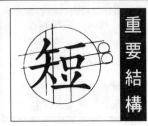

重要結構

51	矢-12	⺊ ⺉ 矢 矢 矩 短 短	短期(단기)	短點(단점)	長短(장단)
中 短	짧을 단 / short	短 短			

52	竹-12	´ ⺊ ⺊ ⺊ 欠 答 答	答辯(답변)	對答(대답)	應答(응답)
中 答	대답할 답 / answer	答 答			

53	土-11	´ ⺊ ⺊ ⺊ 尚 堂 堂 堂	堂叔(당숙)	講堂(강당)	法堂(법당)
中 堂	집 당 / hall	堂 堂			

54	大-3	一 ナ 大	大小(대소)	大賞(대상)	大學(대학)
中 大	큰 대 / big	大 大			

55	人-5	´ イ 亻 代 代	代身(대신)	代理(대리)	代表(대표)
中 代	대신할 대 / agency	代 代			

기본문제 1·2·3 위를 가리고 아래 기본문제를 풀어보시오.

문제 1 다음 한자의 독음을 쓰시오.   大 家

문제 2 다음의 단어를 한자로 쓰시오.   근 대
역사적 시대 구분으로 지난지 얼마 안되는 가까운 시대.

문제 3 위 쓰기란의 한자를 보기로 다음 사자성어의 빈칸을 완성하시오.   東 問 西
동문서답 : 동쪽을 묻는데 서쪽을 대답하는 뜻으로 묻는말에 엉뚱한 답을 함.

漢字能力檢定

7급과 준 6급 포함

重要結構

56	彳-9	´ 彳 彳 衤 徃 待 待	待機(대기)	待接(대접)	期待(기대)		
中 待	기다릴 대 wait	待 待					
57	寸-14	` ` ` ` 些 丵 對 對	對立(대립)	對話(대화)	相對(상대)		
中 對	대할 대 confront	對 對					
58	广-9	` 宀 广 产 产 庐 度	法度(법도)	年度(연도)	制度(제도)		
中 度	법도 도 헤아릴 탁	度 度					
59	辵-13	` ` 产 首 首 道 道	道德(도덕)	道路(도로)	道理(도리)		
中 道	길 도 road	道 道					
60	口-14	冂 冂 冈 周 周 圖 圖	圖面(도면)	圖案(도안)	地圖(지도)		
中 圖	그림 도 picture	圖 圖					

기본문제 1·2·3　위를 가리고 아래 기본문제를 풀어보시오.

문제 **1**　다음 한자의 독음을 쓰시오.

對	答		

문제 **2**　다음의 단어를 한자로 쓰시오.

연	도

사무·회계·결산 따위를 편의에따라 구분한 1년의 기간.

문제 **3**　위 쓰기란의 한자를 보기로 다음 사자 성어의 빈칸을 완성하시오.

仙	風		骨

선풍도골 : 풍채가 뛰어 나고 용모가 수려한 사람 을 이르는 말.

漢字能力檢定

7급과 준 6급 포함

重要 結構

61	言 - 22	﹑言言言 讀讀讀	讀解(독해)	讀書(독서)	購讀(구독)
中 讀	읽을 독 / 구절 두	讀 讀			

62	冫 - 5	﹅ 冫夂冬冬	冬季(동계)	冬服(동복)	秋冬(추동)
中 冬	겨울 동 / winter	冬 冬			

63	口 - 6	﹂ 冂冋同同同	同感(동감)	同居(동거)	上同(상동)
中 同	한가지 동 / same	同 同			

64	木 - 8	一厂 冂 冃 亩 東東東	東方(동방)	東洋(동양)	東海(동해)
中 東	동녘 동 / east	東 東			

65	水 - 9	冫冫汀汩洞洞	洞里(동리)	洞長(동장)	洞察(통찰)
中 洞	고을 동 / 통할 통	洞 洞			

기본문제 1·2·3 위를 가리고 아래 기본문제를 풀어보시오.

문제 1 다음 한자의 독음을 쓰시오.

多	讀		

문제 2 다음의 단어를 한자로 쓰시오.

동	남	

동쪽과 남쪽.

문제 3 위 쓰기란의 한자를 보기로 다음 사자성어의 빈칸을 완성하시오.

同	苦		樂

동고동락 : 괴로움도 즐거움도 함께 한다는 뜻.

6급 300字

漢字能力檢定

7급과 준 6급 포함

重要結構

66 力-11	┌ 台 台 重 重 動 動	動物(동물)	運動(운동)	活動(활동)
中 動	움직일 동 / move	動 動		

67 立-12	产 产 产 音 音 童 童	童心(동심)	童話(동화)	兒童(아동)
中 童	아이 동 / child	童 童		

68 頁-16	一 口 豆 豇 頭 頭 頭	頭骨(두골)	頭尾(두미)	龍頭(용두)
中 頭	머리 두 / head	頭 頭		

69 癶-12	ﾌ ﾗ ﾂ ﾂ 癶 癶 登 登	登校(등교)	登山(등산)	登錄(등록)
中 登	오를 등 / clmb	登 登		

70 竹-12	竹 竹 竹 竺 笁 笠 等 等	等級(등급)	等數(등수)	一等(일등)
中 等	무리 등 / group	等 等		

기본문제 1·2·3

위를 가리고 아래 기본문제를 풀어보시오.

문제 1 다음 한자의 독음을 쓰시오.

高	等		

문제 2 다음의 단어를 한자로 쓰시오.

등	교	

학생이 학교에 감.

문제 3 위 쓰기란의 한자를 보기로 다음 사자 성어의 빈칸을 완성하시오.

龍		蛇	尾

용두사미: 머리는 용, 꼬리는 뱀이라는 뜻으로 시작은 거창했는데 날이 갈수록 흐지부지 해짐을 비유.

漢字能力檢定

7급과 준 6급 포함

重要結構

71	木-15	白 白 白 柏 柏 幽 樂	樂園(낙원)	樂天(낙천)	音樂(음악)	
中	樂	즐거울 락 / 풍류 악	樂 樂			

72	人-8	一 厂 厂 厸 夾 夾 來 來	來日(내일)	來韓(내한)	未來(미래)	
中	來	올 래 / come	來 來			

73	力-2	丁 力	力點(역점)	力作(역작)	學力(학력)	
中	力	힘 력 / strength	力 力			

74	人-8	亻 亻 仴 佣 佣 例 例	例文(예문)	例示(예시)	例外(예외)	
中	例	법식 례 / example	例 例			

75	示-18	礻 礽 神 禮 禮 禮	禮法(예법)	禮節(예절)	禮式(예식)	
中	禮	예도 례 / etiquette	禮 禮			

기본문제 1·2·3   위를 가리고 아래 기본문제를 풀어보시오.

문제 1 다음 한자의 독음을 쓰시오.

苦	樂		

문제 2 다음의 단어를 한자로 쓰시오.

내	년		

올해가 지나가고 난뒤의 다음 해.

문제 3 위 쓰기란의 한자를 보기로 다음 사자 성어의 빈칸을 완성하시오.

仁	義		智

인의예지: 사람으로서 갖추어야 할 네가지 마음가짐.

漢字能力檢定

7급과 준 6급 포함

重要結構

76	老 - 6	一 十 土 耂 老 老	老少(노소) 老人(노인) 敬老(경로)
中	老	늙을 로 / old aged	老 老

77	足-13	口 口 早 吊 趵 路 路	路上(노상) 道路(도로) 水路(수로)
中	路	길 로 / road	路 路

78	糸-14	糸 糸 糽 綒 綷 綠 綠	綠林(녹림) 綠色(녹색) 草綠(초록)
中	綠	초록빛 로 / green	綠 綠

79	八 - 4	丶 亠 宀 六	六面(육면) 六法(육법) 六體(육체)
中	六	여섯 륙 / six	陸 陸

80	里 - 7	丨 冂 曱 日 甲 甲 里	洞里(동리) 里長(이장) 百里(백리)
中	里	마을 리 / village	里 里

기본문제 1·2·3 위를 가리고 아래 기본문제를 풀어보시오.

문제 **1** 다음 한자의 독음을 쓰시오.

道	路		

문제 **2** 다음의 단어를 한자로 쓰시오.

동	리	

지방 행정 구역상의 동과 리.

문제 **3** 위 쓰기란의 한자를 보기로 다음 사자 성어의 빈칸을 완성하시오.

草		同	色

초록동색 : 풀빛과 초록은 같다는 뜻으로 어울려 지내는 무리는 하는 짓이 같다는 말.

漢字能力檢定

7급과 준 6급 포함

重要結構

81	玉-11	⺩ ⺩ 珇 玾 理 理 理	理論(이론)	理致(이치)	論理(논리)
中 理	이치 리 / reason	理 理			

82	刀-7	ノ ニ 千 禾 禾 利 利	利益(이익)	利子(이자)	年利(연리)
中 利	이로울 리 / benefit	利 利			

83	木-7	十 ナ 木 本 李 李	李家(이가)	李氏(이씨)	桃李(도리)
中 李	오얏 리 / 성 이	李 李			

84	木-8	' ⺇ ⺇ ⽴ 立	林業(임업)	林野(임야)	山林(산림)
中 林	수풀 림 / forest	林 林			

85	立-5	⺿ ⺿ 芇 萬 萬 萬 萬	立法(입법)	立春(입춘)	獨立(독립)
中 立	설 립 / stand	立 立			

기본문제 1·2·3   위를 가리고 아래 기본문제를 풀어보시오.

문제 1 다음 한자의 독음을 쓰시오.

年	利		

문제 2 다음의 단어를 한자로 쓰시오.

대	리		

남의 일 따위를 대신 처리함. 또는 그런 사람.

문제 3 위 쓰기란의 한자를 보기로 다음 사자 성어의 빈칸을 완성하시오.

甘	言		説

감언이설: 남에게 비위를 맞추어 가며 거짓으로 꾀이는 말.

漢字能力檢定

7급과 준 6급 포함

重要結構

86	艸-13	十 才 艹 艹 芇 茳 萬	萬民(만민)	萬物(만물)	億萬(억만)
中 萬	일만 만 ten-thousand	萬 萬			

87	毋-7	' ㇒ ㇒ 仨 毎 毎 毎	每日(매일)	每週(매주)	每回(매회)
中 每	매양 매 every	每 每			

88	面-9	一 ㇐ 厂 页 而 面 面	面談(면담)	面接(면접)	邑面(읍면)
中 面	낯 면 face	面 面			

89	口-6	' ㇒ ㇆ 夕 夕 名 名	名分(명분)	名譽(명예)	有名(유명)
中 名	이름 명 name	名 名			

90	口-8	人 亼 亽 佘 佘 命 命	命令(명령)	命脈(명맥)	生命(생명)
中 命	목숨 명 life	命 命			

기본문제 1·2·3 위를 가리고 아래 기본문제를 풀어보시오.

문제 **1** 다음 한자의 독음을 쓰시오.

科	名	

문제 **2** 다음의 단어를 한자로 쓰시오.

군	면	

지방 행정구역상의 군과 면.

문제 **3** 위 쓰기란의 한자를 보기로 다음 사자 성어의 빈칸을 완성하시오.

	古	風	霜

만고풍상 : 오랜 세월 동안 겪어 온 온갖 고생스런 경험.

6급 300字

漢字能力檢定

7급과 준6급 포함

明 重要結構

91	日 - 8	冂 冃 日 日) 明 明 明	明白(명백) 明示(명시) 明暗(명암)	
中	明	밝을 명 / bright	明	明
92	毋 - 5	㇄ 口 口 母 母	母性(모성) 母乳(모유) 父母(부모)	
中	母	어미 모 / mother	母	母
93	木 - 4	一 十 才 木	木馬(목마) 木材(목재) 草木(초목)	
中	木	나무 목 / tree	木	木
94	目 - 5	丨 冂 日 月 目	目的(목적) 目標(목표) 科目(과목)	
中	目	눈 목 / eye	目	目
95	文 - 4	丶 亠 ナ 文	文武(문무) 文書(문서) 注文(주문)	
中	文	글월 문 / literature	文	文

기본문제 1·2·3 위를 가리고 아래 기본문제를 풀어보시오.

문제 1 다음 한자의 독음을 쓰시오.

古	文		

문제 2 다음의 단어를 한자로 쓰시오.

명	목		

물건의 이름, 표면상 내세우는 이름.

문제 3 위 쓰기란의 한자를 보기로 다음 사자성어의 빈칸을 완성하시오.

賢		良	妻

현모양처 : 자식에게는 현명한 어머니이고, 남편에게는 어진 아내임.

漢字能力檢定
7급과 준6급 포함

重要結構

96	門 - 8	丨 冂 冂 冂 門 門 門 門	同門(동문)	大門(대문)	家門(가문)
中 門	문 문 gate	門 門			

97	口 - 11	丨 冂 冂 門 門 門 問 問	問答(문답)	問安(문안)	問題(문제)
中 問	물을 문 ask	問 問			

98	耳 - 4	丨 冂 門 門 門 門 聞 聞	百聞(백문)	新聞(신문)	聽聞(청문)
中 聞	들을 문 hear	聞 聞			

99	牛 - 8	ノ 亠 牛 牛 牜 物 物 物	物件(물건)	物理(물리)	實物(실물)
中 物	만물 물 matter	物 物			

100	米 - 6	丶 丷 业 半 米 米	米穀(미곡)	白米(백미)	玄米(현미)
中 米	쌀 미 rice	米 米			

기본문제 1 · 2 · 3   위를 가리고 아래 기본문제를 풀어보시오.

문제 **1** 다음 한자의 독음을 쓰시오.

例	問		

문제 **2** 다음의 단어를 한자로 쓰시오.

만	물	

우주에 존재하는 모든 것. 모든 물건.

문제 **3** 위 쓰기란의 한자를 보기로 다음 사자성어의 빈칸을 완성하시오.

今	始	初

금시초문 : 이제야 비로소 처음 듣는다는 말.

漢字能力檢定

7급과 준6급 포함

重要結構

101	羊 - 9	丶丷丷芏芏羋美美	美術(미술) 美人(미인) 美國(미국)
中 美	아름다울 미 beautiful	美 美	

102	氏 - 5	ㄱㄱㅋㅌ民	民俗(민속) 民族(민족) 民主(민주)
中 民	백성 민 people	民 民	

103	木 - 6	一十才木朴朴	朴氏(박씨) 素朴(소박) 淳朴(순박)
中 朴	순박할 박 성 박	朴 朴	

104	又 - 4	一厂万反	反共(반공) 反對(반대) 贊反(찬반)
中 反	돌이킬 반 opposition	反 反	

105	十 - 5	丶丷丷半半	半徑(반경) 半島(반도) 半切(반절)
中 半	반 반 half	半 半	

기본문제 1·2·3　위를 가리고 아래 기본문제를 풀어보시오.

문제 **1** 다음 한자의 독음을 쓰시오.

反	對		

문제 **2** 다음의 단어를 한자로 쓰시오.

미	녀	

얼굴이 아름다운 여자.

문제 **3** 위 쓰기란의 한자를 보기로 다음 사자성어의 빈칸을 완성하시오.

八	方		人

팔방미인 : 어느 모로 보나 아름다운 미인. 여러 방면에 능통한 사람.

6급 300字

漢字能力檢定

7급과 준6급 포함

重要結構 放

106	玉-10	王 王 珇 珇 班 班 班	班長(반장)	班常(반상)	兩班(양반)
高 班	나눌　반 / share	班 班			

107	癶-12	癶 癶 癶 癶 癶 發 發	發見(발견)	發達(발달)	發表(발표)
中 發	필　발 / bloom	發 發			

108	方-4	丶 一 宀 方	方法(방법)	方位(방위)	方案(방안)
中 方	모　방 / square	方 方			

109	攵-8	丶 亠 宀 方 扩 扩 放	放牧(방목)	放送(방송)	放學(방학)
中 放	놓을　방 / release	放 放			

110	白-5	丶 亻 竹 白 白	白人(백인)	白色(백색)	白頭(백두)
中 白	흰　백 / white	白 白			

기본문제 1·2·3 위를 가리고 아래 기본문제를 풀어보시오.

문제 1 다음 한자의 독음을 쓰시오.

發	光		

문제 2 다음의 단어를 한자로 쓰시오.

동	방		

동쪽. 동부 지역 동쪽 지방.

문제 3 위 쓰기란의 한자를 보기로 다음 사자 성어의 빈칸을 완성하시오.

	衣	民	族

백의 민족 : 예로부터 흰 옷을 즐겨 입는 데서 우리 민족을 이르는 말.

漢字能力檢定
7급과 준6급 포함

重要結構

111	白 - 6	一 ㄱ ㄐ 万 百 百	百年(백년)	百姓(백성)	百日(백일)
中 百	일백 백 one hundred	百 百			

112	田 - 12	ㄱ ㅛ ㅍ 乎 番 番	番地(번지)	番號(번호)	班番(반번)
中 番	차례 번 number	番 番			

113	刀 - 7	丶 冂 口 另 另 別 別	別居(별거)	別莊(별장)	特別(특별)
中 別	다를 별 different	別 別			

114	疒 - 10	一 广 广 疒 病 病 病	病菌(병균)	病院(병원)	病患(병환)
中 病	병들 병 disease	病 病			

115	月 - 8	丿 刀 月 刖 服 服 服	服務(복무)	服裝(복장)	校服(교복)
中 服	옷 복 dress	服 服			

기본문제 1·2·3 위를 가리고 아래 기본문제를 풀어보시오.

문제 1 다음 한자의 독음을 쓰시오.

區	別		

문제 2 다음의 단어를 한자로 쓰시오.

백	번		

차례의 번호가 백번째. 동작 등의 횟수가 백번.

문제 3 위 쓰기란의 한자를 보기로 다음 사자성어의 빈칸을 완성하시오.

同		相	憐

동병상련 : 어려운 사람끼리 서로 의지하고 서로 돕는다는 말.

6급 300字

漢字能力檢定
7급과 준 6급 포함

重要結構

116 木-5	一 十 才 木 本	本論(본론) 根本(근본) 日本(일본)
中 本	근본 본 essence	本 本

117 大-4	一 二 声 夫	夫婦(부부) 農夫(농부) 漁夫(어부)
中 夫	지아비 부 husband	夫 夫

118 父-4	′ ′′ ′′ 父	父母(부모) 父親(부친) 老父(노부)
中 父	아비 부 father	父 父

119 邑-11	一 亠 立 产 音 音[7] 部	部分(부분) 部品(부품) 學部(학부)
中 部	떼 부 group	部 部

120 匕-5	丨 亅 土 圠 北	北風(북풍) 北韓(북한) 東北(동북)
中 北	북녘 북 달아날 배	北 北

기본문제 1·2·3
위를 가리고 아래 기본문제를 풀어보시오.

문제 1 다음 한자의 독음을 쓰시오.

根	本		

문제 2 다음의 단어를 한자로 쓰시오.

부	모		

아버지와 어머니. 어버이. 양친.

문제 3 위 쓰기란의 한자를 보기로 다음 사자성어의 빈칸을 완성하시오.

漁		之	利

어부지리 : 도요새와 조개가 서로 싸우고 있는 사이에 어부가 둘다 쉽게 잡았다는 고사.

漢字能力檢定
7급과 준 6급 포함

重要結構

121	刀 - 4	ノ 八 今 分		分析(분석)	分野(분야)	區分(구분)
中 分		나눌 분 divide	分 分			

122	一 - 4	一 ア 不 不		不可(불가)	不良(불량)	不正(부정)
中 不		아니 불 아닐 부	不 不			

123	口 - 5	丨 冂 冂 四 四		四季(사계)	四方(사방)	四面(사면)
中 四		넉 사 four	四 四			

124	歹 - 6	一 ア 万 歹 歹 死		死亡(사망)	死活(사활)	病死(병사)
中 死		죽을 사 die	死 死			

125	亅 - 8	一 一 口 므 玥 亨 事		事務(사무)	事業(사업)	百事(백사)
中 事		일 사 business	事 事			

기본문제 1·2·3   위를 가리고 아래 기본문제를 풀어보시오.

문제 **1** 다음 한자의
독음을 쓰시오.

不	死		

문제 **2** 다음의 단어를
한자로 쓰시오.

분	명	

흐리지 않고 또렷함. 흐릿한 점이 없이 확실함.

문제 **3** 위 쓰기란의
한자를 보기로 다음 사자
성어의 빈칸을 완성하시오.

四		五	裂

사분오열 : 여러 갈래로 분열되어 질서가 없어짐.

漢字能力檢定
7급과 준6급 포함

重要結構
社

126	人 - 8	亻 亻 亻 亻 佢 佢 使 使	使命(사명)	使用(사용)	大使(대사)
中	使	부릴 사 / keep	使 使		

127	示 - 8	亠 ㆍ 礻 礻 礻 礻 社 社	社員(사원)	社長(사장)	會社(회사)
高	社	모일 사 / society	社 社		

128	山 - 3	丨 山 山	山林(산림)	山脈(산맥)	江山(강산)
中	山	메 산 / mountain	山 山		

129	竹 -14	ㆍ ㆍ ㅆ ㅆ ㅆ 筲 算 算	算定(산정)	算出(산출)	計算(계산)
中	算	셈할 산 / count	算 算		

130	一 - 3	一 二 三	三角(삼각)	三番(삼번)	第三(제삼)
中	三	석 삼 / three	三 三		

기본문제 1·2·3 위를 가리고 아래 기본문제를 풀어보시오.

문제 1 다음 한자의 독음을 쓰시오.

使	命		

문제 2 다음의 단어를 한자로 쓰시오.

강	산		

산과 강. 자연의 경치. 강토.

문제 3 위 쓰기란의 한자를 보기로 다음 사자성어의 빈칸을 완성하시오.

他		之	石

타산지석 : 다른 산의 하찮은 돌이라도 자기의 옥을 가는 데 도움이 된다는 고사.

漢字能力檢定

7급과 준6급 포함

重要結構

131	一 - 3	一 十 上	上京(상경) 上位(상위) 上下(상하)			
中	上	윗 상 top	上	上		

132	色 - 6	ノ ク ク 存 存 色	色相(색상) 色彩(색채) 赤色(적색)			
中	色	빛 색 color	色	色		

133	生 - 5	ノ ト 牛 生	生命(생명) 生死(생사) 一生(일생)			
中	生	날 생 be born	生	生		

134	西 - 6	一 厂 厂 币 两 西	西洋(서양) 西海(서해) 北西(북서)			
中	西	서녘 서 west	西	西		

135	日 - 10	一 一 一 申 聿 書 書	書類(서류) 書記(서기) 讀書(독서)			
中	書	글 서 writings	書	書		

기본문제 1 · 2 · 3   위를 가리고 아래 기본문제를 풀어보시오.

문제 **1** 다음 한자의
독음을 쓰시오.

書	記		

문제 **2** 다음의 단어를
한자로 쓰시오.

생	명		

살아있는 힘의 바탕이 되
는 것. 목숨

문제 **3** 위 쓰기란의
한자를 보기로 다음 사자
성어의 빈칸을 완성하시오.

尾		之	信

미생지신 : 융통성이 없
이 약속만을 굳게 지킴을
비유한 말.

6급 300字

漢字能力檢定
7급과 준6급 포함

重要結構

136	夕 - 3	ノ ク 夕	夕刊(석간)	夕陽(석양)	朝夕(조석)
中	夕	저녁 석 / evening	夕 夕		

137	石 - 5	一 ァ 丆 石 石	石油(석유)	石炭(석탄)	木石(목석)
中	石	돌 석 / stone	石 石		

138	巾-10	一 广 广 庐 庐 庐 席 席	席次(석차)	出席(출석)	座席(좌석)
中	席	자리 석 / seat	席 席		

139	ル - 6	ノ ヒ 七 生 失 先	先生(선생)	先後(선후)	于先(우선)
中	先	먼저 선 / former	先 先		

140	糸-15	糸 糸' 約 約 線 線 線	線路(선로)	線上(선상)	無線(무선)
中	線	실 선 / line	線 線		

기본문제 1·2·3 위를 가리고 아래 기본문제를 풀어보시오.

문제 1. 다음 한자의 독음을 쓰시오.

路	線		

문제 2. 다음의 단어를 한자로 쓰시오.

선	생

학생이나 남을 가르치는 사람. 교사.

문제 3. 위 쓰기란의 한자를 보기로 다음 사자 성어의 빈칸을 완성하시오.

一		二	鳥

일석이조 : 한 개의 돌로 두마리의 새를 잡는다는 고사.

漢字能力檢定

7급과 준 6급 포함

重要結構

成

141	雨-11	一 二 千 千 千 雪 雪 雪 雪	雪景(설경)	雪原(설원)	白雪(백설)
中	雪	눈 설 / snow	雪 雪		

142	戈-7	丿 厂 厂 厈 成 成 成	成功(성공)	成敗(성패)	完成(완성)
中	成	이룰 성 / accomplish	成 成		

143	女-8	女 女 女 女 妙 妙 姓 姓	姓名(성명)	姓氏(성씨)	同姓(동성)
中	姓	성 성 / surname	姓 姓		

144	目-9	丿 小 少 少 省 省 省	省墓(성묘)	反省(반성)	省略(생략)
中	省	살필 성 / 줄일 생	省 省		

145	一-5	一 十 卄 卅 世	世界(세계)	世上(세상)	末世(말세)
中	世	인간 세 / human	世 世		

기본문제 1·2·3   위를 가리고 아래 기본문제를 풀어보시오.

문제 1 다음 한자의 독음을 쓰시오.

反	省		

문제 2 다음의 단어를 한자로 쓰시오.

세	계		

지구 위의 모든 지역이나 나라. 온 세상.

문제 3 위 쓰기란의 한자를 보기로 다음 사자 성어의 빈칸을 완성하시오.

螢		之	功

형설지공 :반딧불과 눈빛으로 공부를 했다는 고사. 고생하면서도 학문을 닦는 보람.

6급 300字

漢字能力檢定
7급과 준6급 포함

146	小 - 3	亅小小		小說(소설)	小心(소심)	大小(대소)
中	小	작을 소 / small	小 小			

147	小 - 4	亅小小少		少年(소년)	少量(소량)	老少(노소)
中	少	적을 소 / little	少 少			

148	戶 - 8	丶亅尸尸所所所		所感(소감)	所望(소망)	場所(장소)
中	所	바 소 / place	所 所			

149	水 - 10	氵氵氵氵消消消		消費(소비)	消火(소화)	取消(취소)
中	消	끌 소 / put out	消 消			

150	辵 - 11	一口申束束速速		速度(속도)	速報(속보)	光速(광속)
中	速	빠를 속 / quick	速 速			

기본문제 1·2·3   위를 가리고 아래 기본문제를 풀어보시오.

문제 1 다음 한자의 독음을 쓰시오.

速	度	

문제 2 다음의 단어를 한자로 쓰시오.

대	소	

크고 작음. 큰 것과 작은 것.

문제 3 위 쓰기란의 한자를 보기로 다음 사자 성어의 빈칸을 완성하시오.

男	女	老	

남녀노소 : 남자와 여자, 그리고 노인과 젊은이. 모든 사람들.

漢字能力檢定
7급과 준 6급 포함

重要結構

번호	부수	필순	한자	훈음	쓰기	예 1	예 2	예 3
151	子-10	孑孖孫孫孫孫	中 孫	손자 손 grandson	孫 孫	孫子(손자)	孫女(손녀)	曾孫(증손)
152	水-4	刂才才水	中 水	물 수 water	水 水	水道(수도)	水平(수평)	山水(산수)
153	手-4	一二三手	中 手	손 수 hand	手 手	手巾(수건)	手足(수족)	先手(선수)
154	攴-15	串婁數數數數	中 數	셀 수 count	數 數	數理(수리)	數學(수학)	個數(개수)
155	木-16	杧栯桔樹樹	中 樹	나무 수 tree	樹 樹	樹立(수립)	樹木(수목)	植樹(식수)

기본문제 1·2·3 위를 가리고 아래 기본문제를 풀어보시오.

문제 1 다음 한자의 독음을 쓰시오.

孫	女		

문제 2 다음의 단어를 한자로 쓰시오.

상	수		

음료로 하기 위하여 수도관을 통해 보내는 맑은 물.

문제 3 위 쓰기란의 한자를 보기로 다음 사자성어의 빈칸을 완성하시오.

	魚	之	交

수어지교 : 물과 고기의 사귐이란 뜻으로 떨어져 지낼 수 없는 절친한 사이.

 漢字能力檢定 7급과 준6급 포함

重要結構 勝

156	行-11	彳 彳 秫 秫 術 術 術	術數(술수)	術策(술책)	心術(심술)
高 術	재주 술 artifice	術 術			

157	羽-11	⁊ ⁊⁊ ⁊⁊ ⁊⁊⁊ ⁊⁊⁊ 習 習	習慣(습관)	習作(습작)	練習(연습)
中 習	익힐 습 practise	習 習			

158	カ-12	月 胖 胖 胖 胖 勝 勝	勝利(승리)	勝負(승부)	優勝(우승)
中 勝	이길 승 win	勝 勝			

159	巾-5	丶 亠 广 方 市	市內(시내)	市場(시장)	都市(도시)
中 市	저자 시 market	市 市			

160	女-8	ㄑ ㄑ 女 女 妈 始 始	始作(시작)	始初(시초)	開始(개시)
中 始	비로소 시 begin	始 始			

기본문제 1·2·3 위를 가리고 아래 기본문제를 풀어보시오.

문제 1 다음 한자의 독음을 쓰시오.
勝 利

문제 2 다음의 단어를 한자로 쓰시오.
시 도
대단위 행정 구역상의 특별시, 광역시 및 도.

문제 3 위 쓰기란의 한자를 보기로 다음 사자 성어의 빈칸을 완성하시오.
權 謀 數
권모술수 : 남을 교묘하게 속이는 술책.

漢字能力檢定

7급과 준 6급 포함

161	日-10	日 日─ 日＋ 旷 昨 時 時	時間(시간) 時期(시기) 臨時(임시)
中	時	때 시 / time	時 時

162	弋-6	一 二 于 式 式	式順(식순) 式場(식장) 禮式(예식)
中	式	법 식 / rule	式 式

163	食-9	𠆢 𠆢 今 合 合 食 食	食堂(식당) 食品(식품) 粉食(분식)
中	食	먹을 식 / eat	食 食

164	木-12	木 木′ 柠 柠 柿 植 植 植	植物(식물) 植樹(식수) 移植(이식)
中	植	심을 식 / plant	植 植

165	身-7	′ ′′ 冂 冃 身 身 身	身分(신분) 身體(신체) 心身(심신)
中	身	몸 신 / body	身 身

기본문제 1·2·3 위를 가리고 아래 기본문제를 풀어보시오.

문제 1 다음 한자의 독음을 쓰시오.

方	式	

문제 2 다음의 단어를 한자로 쓰시오.

시	간	

어떤 시각에서 다른 시각까지의 동안.

문제 3 위 쓰기란의 한자를 보기로 다음 사자성어의 빈칸을 완성하시오.

粉	骨	碎	

분골쇄신 : 뼈가 가루가 되고 몸이 부서지도록 힘을 다해 노력한다는 뜻.

 漢字能力檢定
7급과 준 6급 포함

166	人 - 9	イ イ 丁 丁 信 信 信	信念(신념)	信賴(신뢰)	背信(배신)		
中	信	믿을 신 / faith	信 信				

167	示 - 10	二 亍 禾 禾 禾 祀 神	神父(신부)	神仙(신선)	精神(정신)		
中	神	귀신 신 / spirit	神 神				

168	斤 - 13	立 辛 辛 亲 亲 新 新	新聞(신문)	新設(신설)	最新(최신)		
中	新	새 신 / new	新 新				

169	大 - 5	ノ 一 生 失 失	失望(실망)	失職(실직)	得失(득실)		
中	失	잃을 실 / lose	失 失				

170	宀 - 9	广 宀 宀 宏 宏 室 室	室內(실내)	室長(실장)	教室(교실)		
中	室	집 실 / room	室 室				

기본문제 1 · 2 · 3   위를 가리고 아래 기본문제를 풀어보시오.

문제 **1** 다음 한자의 독음을 쓰시오.

不	信	

문제 **2** 다음의 단어를 한자로 쓰시오.

교	실

학교 등에서 수업을 하기 위해서 쓰이는 방.

문제 **3** 위 쓰기란의 한자를 보기로 다음 사자 성어의 빈칸을 완성하시오.

賞	必	罰

신상필벌 : 상과 벌을 주는 데 있어 규정대로 분명하게 함

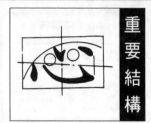

6급 300字 漢字能力檢定
7급과 준6급 포함

171 心-4	` 心心心		心理(심리) 心情(심정) 安心(안심)			
中 心	마음 심 / heart	心 心				

172 十-2	一十		十日(십일) 十字(십자) 三十(삼십)			
中 十	열 십 / ten	十 十				

173 宀-6	` 丶 宀 宀 安 安		安定(안정) 安全(안전) 平安(평안)			
中 安	편안할 안 / be well	安 安				

174 心-13	` 爫 爫 爫 爫 爱 愛		愛國(애국) 愛人(애인) 友愛(우애)			
中 愛	사랑 애 / love	愛 愛				

175 夕-8	一 亠 广 疒 夜 夜 夜		夜間(야간) 夜勤(야근) 深夜(심야)			
中 夜	밤 야 / night	夜 夜				

기본문제 1·2·3   위를 가리고 아래 기본문제를 풀어보시오.

문제 1 다음 한자의 독음을 쓰시오.

問	安		

문제 2 다음의 단어를 한자로 쓰시오.

심	리		

마음의 움직임이나 상태. 마음보.

문제 3 위 쓰기란의 한자를 보기로 다음 사자성어의 빈칸을 완성하시오.

勞		焦	思

노심초사 : 애를 쓰고 속을 태움.

6급 300字 漢字能力檢定

7급과 준 6급 포함

重要結構

No.	부수	필순	한자	훈·음	쓰기	단어
176	里-11	冂 日 甲 里 野 野 野 野	中 野	들 야 field	野 野	野山(야산)　野外(야외)　平野(평야)
177	弓-10	弓 弓 弓 弱 弱 弱 弱	中 弱	약할 약 weak	弱 弱	弱點(약점)　弱少(약소)　强弱(강약)
178	艸-19	艹 苩 苩 蕐 蘊 藥 藥	中 藥	약 약 medicine	藥 藥	藥局(약국)　藥效(약효)　醫藥(의약)
179	水-9	氵 氵 氵 氵 洋 洋 洋	中 洋	큰바다 양 ocean	洋 洋	洋服(양복)　洋式(양식)　西洋(서양)
180	阜-12	丨 阝 阝 阝 陧 陧 陽 陽	中 陽	볕 양 sun	陽 陽	陽氣(양기)　陰陽(음양)　太陽(태양)

기본문제 1·2·3 　위를 가리고 아래 기본문제를 풀어보시오.

문제 1 다음 한자의 독음을 쓰시오.

藥	水		

문제 2 다음의 단어를 한자로 쓰시오.

동	양		

동쪽 아시아 일대. 동남 아시아와 동북 아시아.

문제 3 위 쓰기란의 한자를 보기로 다음 사자 성어의 빈칸을 완성하시오.

	房	甘	草

약방감초 : 무슨 일에나 끼어듦. 또는 무슨 일에나 반드시 끼어야 할 필요한 것.

漢字能力檢定
7급과 준 6급 포함

重要結構

181 言-14	言 訂 訝 許 語 語	語句(어구)	語調(어조)	用語(용어)
中 語	말씀 어 / words	語 語		

182 言-7	` ㅗ ㅛ 言 言 言 言	言論(언론)	言爭(언쟁)	格言(격언)
中 言	말씀 언 / words	嚴 嚴		

183 木-13	″ ″″ ㅛㅛ ㅛㅛ 苹 堂 業	業務(업무)	業者(업자)	職業(직업)
中 業	일 업 / business	業 業		

184 火-12	ク タ ㄅ 妖 然 然 然 然	然則(연즉)	然後(연후)	自然(자연)
中 然	그러할 연 / be so	然 然		

185 水-5	` ㅓ 永 永 永 永	永久(영구)	永遠(영원)	永字(영자)
中 永	길 영 / long	永 永		

기본문제 1·2·3 위를 가리고 아래 기본문제를 풀어보시오.

문제 **1** 다음 한자의 독음을 쓰시오.

事	業		

문제 **2** 다음의 단어를 한자로 쓰시오.

언	어	

생각이나 느낌을 음성 또는 문자로 전달하는 수단과 체계. 말.

문제 **3** 위 쓰기란의 한자를 보기로 다음 사자 성어의 빈칸을 완성하시오.

言		道	斷

언어도단 : 너무 어이가 없어 말로써 나타낼 수가 없음.

漢字能力檢定
7급과 준 6급 포함

重要結構

186	艸 - 9	` ` ` ` 艻 艻 英 英		英國(영국)	英語(영어)	育英(육영)
中	英	꽃부리 영 / elite	英 英			

187	十 - 4	` ` 仁 午		午前(오전)	午後(오후)	甲午(갑오)
中	午	낮 오 / noon	午 午			

188	二 - 4	一 丁 五 五		五倫(오륜)	五福(오복)	十五(십오)
中	五	다섯 오 / five	五 五			

189	水 - 13	氵 氵 沪 沪 渭 渭 渭 溫 溫		溫度(온도)	溫情(온정)	高溫(고온)
中	溫	따뜻할 온 / warm	溫 溫			

190	玉 - 4	一 丁 千 王		王妃(왕비)	王子(왕자)	女王(여왕)
中	王	임금 왕 / king	王 王			

기본문제 1·2·3 위를 가리고 아래 기본문제를 풀어보시오.

문제 1 다음 한자의 독음을 쓰시오.

溫	度	

문제 2 다음의 단어를 한자로 쓰시오.

오	륙	

다섯과 여섯. 오와 육.

문제 3 위 쓰기란의 한자를 보기로 다음 사자 성어의 빈칸을 완성하시오.

四	分		裂

사분오열 : 여러 갈래로 분열되어 질서가 없어짐.

 漢字能力檢定 7급과 준6급 포함

重要結構

191 夕-5	ノクタ外外	外交(외교) 外國(외국) 海外(해외)
中 外	바깥 외 / outside	外 外

192 用-5	ノ 刀 月 月 用	用件(용건) 用務(용무) 使用(사용)
中 用	쓸 용 / use	用 用

193 力-9	マ ア ア 丙 甬 勇	勇敢(용감) 勇氣(용기) 武勇(무용)
中 勇	날랠 용 / brave	勇 勇

194 口-5	ノ ナ オ 右 右	右側(우측) 右向(우향) 左右(좌우)
中 右	오른쪽 우 / right	右 右

195 辵-13	ク 戸 岌 宣 軍 軍 運	運命(운명) 運動(운동) 幸運(행운)
中 運	옮길 운 / transport	運 運

기본문제 1·2·3 위를 가리고 아래 기본문제를 풀어보시오.

문제 1 다음 한자의 독음을 쓰시오.
運 命

문제 2 다음의 단어를 한자로 쓰시오.
내 외
안과 밖. 안팍. 국내와 국외.

문제 3 위 쓰기란의 한자를 보기로 다음 사자성어의 빈칸을 완성하시오.
柔 内 剛
외유내강:겉으로는 부다럽고 유순하지만 마음속은 단단하고 굳셈.

漢字能力檢定
7급과 준 6급 포함

重要結構

196 口-13	冂冂門門園園園	公園(공원)	樂園(낙원)	花園(화원)
中 園	동산 원 garden 園 園			

197 辵-14	十 土 吉 吉 袁 袁 遠	遠大(원대)	遠視(원시)	永遠(영원)
中 遠	멀 원 further 遠 遠			

198 月-4	丿 刀 月 月	月末(월말)	月初(월초)	前月(전월)
中 月	달 월 moon 月 月			

199 田-5	丨 冂 巾 由 由	由來(유래)	理由(이유)	自由(자유)
中 由	말미암을 유 cause 由 由			

200 月-6	丿 ナ 才 有 有 有	有能(유능)	有利(유리)	所有(소유)
中 有	있을 유 exist 有 有			

기본문제 1·2·3
위를 가리고 아래 기본문제를 풀어보시오.

문제 1 다음 한자의 독음을 쓰시오.

遠	近		

문제 2 다음의 단어를 한자로 쓰시오.

유	리	

이익이 있음. 이로움.

문제 3 위 쓰기란의 한자를 보기로 다음 사자성어의 빈칸을 완성하시오.

言	中		骨

언중유골 : 예사로운 말 같으나 그 속에 단단한 속 뜻이 있음.

漢字能力檢定

7급과 준 6급 포함

重要結構

번호	부수	필순	뜻·음	쓰기	예어
201 中	水-8	氵氵氵汩汩油	기름 유 / oil	油 油	油類(유류)　油田(유전)　石油(석유)
202 中	肉-8	亠云产育育育	기를 육 / bring up	育 育	育成(육성)　育兒(육아)　教育(교육)
203 中	金-14	스스金金釘鈕銀	은 은 / silver	銀 銀	銀賞(은상)　銀行(은행)　金銀(금은)
204 中	音-9	亠立产音音音	소리 음 / sound	音 音	音樂(음악)　音律(음률)　發音(발음)
205 中	食-13	人々今盒盒飮飮	마실 음 / drink	飮 飮	飮料(음료)　飮食(음식)　試飮(시음)

기본문제 1·2·3　위를 가리고 아래 기본문제를 풀어보시오.

문제 1　다음 한자의 독음을 쓰시오.

飮	食		

문제 2　다음의 단어를 한자로 쓰시오.

교	육		

지식을 가르치고 품성과 체력을 길러줌.

문제 3　위 쓰기란의 한자를 보기로 다음 사자성어의 빈칸을 완성하시오.

不	協	和	

불협화음 : 잘 조화되지 않는 상태나 관계를 비유한 말.

206	邑-7	' 口 口 弓 吊 吊 邑 邑	邑內(읍내)	읍면(읍면)	都邑(도읍)		
中	邑	고을 읍 town	邑 邑				

207	衣-6	' ㅗ ㅗ 亠 衣 衣	衣服(의복)	衣食(의식)	上衣(상의)		
中	衣	옷 의 clothes	衣 衣				

208	心-13	亠 产 产 音 音 意 意	意見(의견)	意義(의의)	異義(이의)		
中	意	뜻 의 intention	意 意				

209	酉-18	厂 医 医 医 医 医 臀 醫	醫師(의사)	醫藥(의약)	名醫(명의)		
中	醫	의원 의 doctor	醫 醫				

210	二-2	一 二	二個(이개)	二等(이등)	二次(이차)		
中	二	두 이 two	二 二				

기본문제 1·2·3 위를 가리고 아래 기본문제를 풀어보시오.

문제 1 다음 한자의 독음을 쓰시오.

名	醫		

문제 2 다음의 단어를 한자로 쓰시오.

의	복		

옷. 가리거나 꾸미기 위하여 몸에 걸치거나 입는 옷의 총칭.

문제 3 위 쓰기란의 한자를 보기로 다음 사자성어의 빈칸을 완성하시오.

白		從	軍

백의종군 : 벼슬이 없는 사람으로 군대를 따라 싸움터로 나아감

漢字能力檢定
7급과 준 6급 포함

重要結構

211	人-2	ノ人		人間(인간) 人類(인류) 他人(타인)	
中	人	사람 인 man	人 人		

212	一-1	一		一國(일국) 一金(일금) 第一(제일)	
中	一	한 일 one	一 一		

213	日-4	ㅣ ㄇ ㅌ 日		日記(일기) 日出(일출) 來日(내일)	
中	日	날 일 day	日 日		

214	入-2	ノ入		入門(입문) 入學(입학) 出入(출입)	
中	入	들 입 enter	入 入		

215	子-3	ㄱ 了 子		子女(자녀) 子息(자식) 男子(남자)	
中	子	아들 자 son	子 子		

기본문제 1·2·3   위를 가리고 아래 기본문제를 풀어보시오.

문제 1 다음 한자의 독음을 쓰시오.

一	例		

문제 2 다음의 단어를 한자로 쓰시오.

일	월		

해와 달. 날과 달의 뜻으로 세월을 뜻하기도 함.

문제 3 위 쓰기란의 한자를 보기로 다음 사자성어의 빈칸을 완성하시오.

父	傳		傳

부전자전 : 대대로 아버지가 아들에게 전함.

漢字能力檢定
기급과 준 6급 포함

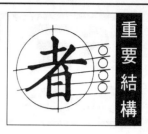

重要結構

216	子 - 6	' '' 宀 宀 宁 字		字句(자구)	字典(자전)	日字(일자)
中	字	글자 자 letter	字 字			

217	自 - 6	' ｜ 冂 冋 自 自		自己(자기)	自然(자연)	各自(각자)
中	自	스스로 자 self	自 自			

218	老 - 9	土 耂 耂 者 者 者 者		強者(강자)	病者(병자)	勝者(승자)
中	者	놈 자 a fellow	者 者			

219	人 - 7	ノ 亻 亻 仁 竹 作 作		作業(작업)	作品(작품)	名作(명작)
中	作	지을 작 make	作 作			

220	日 - 9	冂 日 日' 旷 昨 昨 昨		昨今(작금)	昨年(작년)	昨日(작일)
中	昨	어제 작 yesterday	昨 昨			

기본문제 1·2·3 위를 가리고 아래 기본문제를 풀어보시오.

문제 **1** 다음 한자의 독음을 쓰시오.

自	然		

문제 **2** 다음의 단어를 한자로 쓰시오.

작	금		

어제와 오늘. 어제와 지금. 요즈음. 요사이.

문제 **3** 위 쓰기란의 한자를 보기로 다음 사자 성어의 빈칸을 완성하시오.

識		憂	患

식자우환 : 글자를 섣불리 아는 것이 도리어 근심을 사게 된다는 말.

漢字能力檢定
7급과 준 6급 포함

重要結構

221	長 - 8	ノ ナ モ 토 른 른 長 長	長短 (장단)	長官 (장관)	校長 (교장)	
中	長	길 장 / 어른 장	長 長			
222	호 - 11	亠 产 产 音 音 章 章	肩章 (견장)	文章 (문장)	憲章 (헌장)	
中	章	글월 장 / sentence	章 章			
223	土 - 12	土 圹 圢 圽 場 場 場	場面 (장면)	場所 (장소)	工場 (공장)	
中	場	마당 장 / place	場 場			
224	手 - 3	一 寸 才	才能 (재능)	才談 (재담)	天才 (천재)	
中	才	재주 재 / talent	才 才			
225	土 - 6	一 ナ ナ 右 在 在	在庫 (재고)	在學 (재학)	現在 (현재)	
中	在	있을 재 / existence	在 在			

기본문제 1 · 2 · 3   위를 가리고 아래 기본문제를 풀어보시오.

문제 **1** 다음 한자의 독음을 쓰시오.

場	所		

문제 **2** 다음의 단어를 한자로 쓰시오.

장	남		

맏아들.

문제 **3** 위 쓰기란의 한자를 보기로 다음 사자 성어의 빈칸을 완성하시오.

	幼	有	序

장유유서 : 오륜의 하나로 어른과 아이 사이에는 지켜야 할 차례가 있다는 말.

漢字能力檢定

7급과 준6급 포함

重要結構

前

226	入 - 6	ノ 人 人 仝 仝 全	全國(전국)	全部(전부)	完全(완전)
中	全	온전 전 / perfect	全 全		

227	刀 - 9	丷 亠 亣 扑 前 前 前	前方(전방)	前後(전후)	事前(사전)
中	前	앞 전 / front	前 前		

228	戈 - 16	口 吅 甼 單 單 戰 戰	戰略(전략)	戰爭(전쟁)	休戰(휴전)
中	戰	싸움 전 / war	戰 戰		

229	雨 - 13	一 帀 帀 雨 雪 雷 電	電子(전자)	電話(전화)	韓電(한전)
中	電	번개 전 / lightning	電 電		

230	止 - 5	一 丁 下 疋 正	正答(정답)	正當(정당)	公正(공정)
中	正	바를 정 / right	正 正		

기본문제 1·2·3 위를 가리고 아래 기본문제를 풀어보시오.

문제 **1** 다음 한자의 독음을 쓰시오.

電	氣	

문제 **2** 다음의 단어를 한자로 쓰시오.

전	국	

한 나라의 전체. 온나라.

문제 **3** 위 쓰기란의 한자를 보기로 다음 사자성어의 빈칸을 완성하시오.

事	必	歸	

사필귀정 : 모든 잘잘못은 반드시 바른 길로 돌아온다는 말.

漢字能力檢定
7급과 준 6급 포함

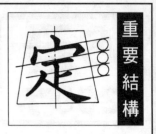

重要結構

231	宀-8	⼂ 宀 宀 宁 宇 定 定	定價(정가)　定員(정원)　限定(한정)
中 定	정할　정 settle	定　定	

232	广-10	广 广 庐 庐 庄 庭 庭	庭球(정구)　庭園(정원)　家庭(가정)
中 庭	뜰　정 garden	庭　庭	

233	弓-7	⼂ ⼂ ⼂ 쓰 쓰 弟 弟	弟子(제자)　弟嫂(제수)　兄弟(형제)
中 弟	아우　제 younger brother	弟　弟	

234	竹-11	⼂ ⼂⼂ 竺 竺 筻 第 第	第一(제일)　第二(제이)　落第(낙제)
中 第	차례　제 order	第　第	

235	頁-18	日 早 是 是 題 題 題	題目(제목)　題名(제명)　問題(문제)
中 題	제목　제 title	題　題	

기본문제 1·2·3　위를 가리고 아래 기본문제를 풀어보시오.

문제 **1** 다음 한자의 독음을 쓰시오.

家	庭		

문제 **2** 다음의 단어를 한자로 쓰시오.

제	3		

셋째. 세번째.

문제 **3** 위 쓰기란의 한자를 보기로 다음 사자 성어의 빈칸을 완성하시오.

會	者		離

회자정리 : 만난 사람은 반드시 헤어지게 된다는 말로 인생의 무상함을 이르는 말

6급 300字

漢字能力檢定
7급과 준 6급 포함

重要結構

236	示-10	示 示 示 祀 祀 祖 祖	祖國(조국)	祖上(조상)	先祖(선조)
中 祖	할아비 조 gland father	祖　祖			

237	月-12	古 古 卓 朝 朝 朝	朝夕(조석)	朝鮮(조선)	王朝(왕조)
中 朝	아침 조 morning	朝　朝			

238	足-7	口 口 卫 무 足 足	手足(수족)	滿足(만족)	充足(충족)
中 足	발 족 foot	足　足			

239	方-11	方 扩 扩 扩 诉 族 族	族譜(족보)	族屬(족속)	民族(민족)
中 族	겨레 족 relatives	族　族			

240	工-5	一 ナ ナ 左 左	左右(좌우)	左側(좌측)	左向(좌향)
中 左	왼 좌 left	左　左			

기본문제 1·2·3
위를 가리고 아래 기본문제를 풀어보시오.

문제 **1** 다음 한자의 독음을 쓰시오.

朝	夕		

문제 **2** 다음의 단어를 한자로 쓰시오.

수	족		

손발. 손발처럼 마음대로 부리는 사람.

문제 **3** 위 쓰기란의 한자를 보기로 다음 사자성어의 빈칸을 완성하시오.

右	往		往

우왕좌왕 : 망설이거나 이리저리 오락가락 함.

漢字能力檢定

7급과 준 6급 포함

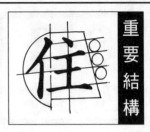

重要結構

241	丶-5	` ㆍ 十 ㅊ 主		主客(주객) 主人(주인) 株主(주주)
中	主	주인 주 / lord	主 主	

242	人-7	ノ イ 亻 亻 仁 仹 住		住民(주민) 住所(주소) 居住(거주)
中	住	살 주 / dwell	住 住	

243	水-8	` ㆍ 氵 氵 沪 汁 注 注		注文(주문) 注入(주입) 發注(발주)
中	注	물댈 주 / pour	注 注	

244	日-11	ㆍ ㆕ 畫 書 書 書 晝		晝間(주간) 晝夜(주야) 白晝(백주)
中	晝	낮 주 / day time	晝 晝	

245	ㅣ-4	` ㅁ 口 中		中立(중립) 中央(중앙) 的中(적중)
中	中	가운데 중 / center	中 中	

기본문제 1·2·3   위를 가리고 아래 기본문제를 풀어보시오.

문제 1 다음 한자의 독음을 쓰시오.

注	文		

문제 2 다음의 단어를 한자로 쓰시오.

주	소		

사람이 자리를 잡아 살고 있는 곳.

문제 3 위 쓰기란의 한자를 보기로 다음 사자 성어의 빈칸을 완성하시오.

	客	顚	到

주객전도 : 사물의 경중이나 완급, 또는 중요성에 비춘 앞뒤의 차례가 서로 뒤바뀜을 이르는 말.

6급 300字

漢字能力檢定
7급과 준 6급 포함

重要結構

246	里-9	一 ノ 台 台 审 重 重 重	重量(중량)	重要(중요)	所重(소중)		
中	重	무거울 중 / heavy	重 重				

247	土-6	一 十 土 扩 坩 地	地球(지구)	地域(지역)	天地(천지)		
中	地	땅 지 / earth	地 地				

248	糸-10	幺 糸 糸 糸 紅 紙 紙 紙	紙面(지면)	紙筆(지필)	便紙(편지)		
中	紙	종이 지 / paper	紙 紙				

249	目-8	一 十 十 方 有 有 直 直	直線(직선)	直接(직접)	水直(수직)		
中	直	곧을 직 / straight	直 直				

250	隹-12	ノ 什 隹 隹 隹 集 集 集	集團(집단)	集合(집합)	募集(모집)		
中	集	모을 집 / gather	集 集				

기본문제 1·2·3 위를 가리고 아래 기본문제를 풀어보시오.

문제 1 다음 한자의 독음을 쓰시오.

重	大	

문제 2 다음의 단어를 한자로 쓰시오.

지	구	

인류가 살고 있는 천체.

문제 3 위 쓰기란의 한자를 보기로 다음 사자 성어의 빈칸을 완성하시오.

不	問	曲	

불문곡직 : 일의 옳고 그름을 묻지 아니하고 곧바로 행동이나 말로 들어감.

漢字能力檢定
7급과 준 6급 포함

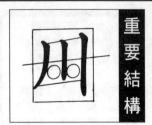

重要結構

251	穴-11	宀宀宓宓宓窓窓窓	窓口(창구)	窓門(창문)	車窓(차창)
中 窓	창 창 window	窓 窓			

252	十-3	ノ 二 千	千里(천리)	千字(천자)	三千(삼천)
中 千	일천 천 thousand	千 千			

253	川-3	ノ 川 川	開川(개천)	山川(산천)	河川(하천)
中 川	내 천 stream	川 川			

254	大-4	一 二 チ 天	天使(천사)	天地(천지)	樂天(낙천)
中 天	하늘 천 heaven	天 天			

255	青-8	一 十 土 キ 青 青 青	青銅(청동)	青色(청색)	赤青(적청)
中 青	푸를 청 blue	青 青			

기본문제 1·2·3   위를 가리고 아래 기본문제를 풀어보시오.

문제 1 다음 한자의 독음을 쓰시오.

窓	口		

문제 2 다음의 단어를 한자로 쓰시오.

산	천		

산과 내. 자연, 또는 자연의 경치.

문제 3 위 쓰기란의 한자를 보기로 다음 사자성어의 빈칸을 완성하시오.

	高	馬	肥

천고마비 : 하늘이 높고 말이 살찐다는 뜻으로 가을을 뜻한 말.

漢字能力檢定
7급과 준 6급 포함

重要結構

256	水-11	氵氵汁泮清清清清	清潔(청결)	清掃(청소)	清淨(청정)
中 清	맑을 청 clear	清 清			

257	骨-23	冂丹丹骨骨骨骨體體	體育(체육)	體質(체질)	上體(상체)
中 體	몸 체 body	體 體			

258	艹-10	艹艹艹艹芦芦苩草	草木(초목)	草原(초원)	花草(화초)
中 草	풀 초 grass	草 草			

259	寸-3	一寸寸	寸刻(촌각)	寸志(촌지)	四寸(사촌)
中 寸	마디 촌 inch	寸 寸			

260	木-7	一十才才村村村	村落(촌락)	村長(촌장)	農村(농촌)
中 村	마을 촌 village	村 村			

기본문제 1·2·3   위를 가리고 아래 기본문제를 풀어보시오.

문제 1 다음 한자의
독음을 쓰시오.

農	村

문제 2 다음의 단어를
한자로 쓰시오.

청	명

날씨가 맑고 깨끗함.

문제 3 위 쓰기란의
한자를 보기로 다음 사자
성어의 빈칸을 완성하시오.

結		報	恩

결초보은 : 죽어 혼령이
되어서라도 은혜를 잊지
않고 갚는다는 말.

6급 300字

漢字能力檢定

7급과 준6급 포함

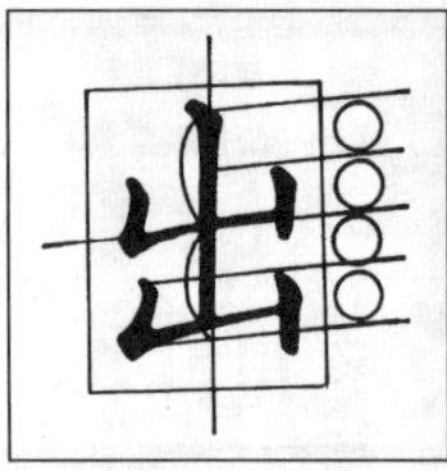

重要結構

번호	부수-획수	필순	단어
261	禾-9	二 千 千 千 禾 禾' 秒 秋	秋季(추계) 秋夕(추석) 春秋(춘추)
中	秋	가을 추 / autumn	秋 秋
262	日-9	一 二 三 夫 夫 表 春 春 春	春期(춘기) 春風(춘풍) 青春(청춘)
中	春	봄 춘 / spring	春 春
263	凵-5	丨 屮 屮 出 出	出刊(출간) 出入(출입) 外出(외출)
中	出	날 출 / come out	出 出
264	見-16	立 辛 亲 親 親 親 親	親交(친교) 親切(친절) 父親(부친)
中	親	친할 친 / intimate	親 親
265	一-2	一 七	七月(칠월) 七日(칠일) 六七(육칠)
中	七	일곱 칠 / seven	七 七

기본문제 1·2·3 위를 가리고 아래 기본문제를 풀어보시오.

문제 1 다음 한자의 독음을 쓰시오.

父	親		

문제 2 다음의 단어를 한자로 쓰시오.

춘	추		

① 봄과 가을. ② 남의 나이을 높이어 이르는 말.

문제 3 위 쓰기란의 한자를 보기로 다음 사자성어의 빈칸을 완성하시오.

燈	火	可	

등화가친 : 가을 밤은 서늘하여 등불을 가까이 하고 글 읽기에 좋다는 말.

漢字能力檢定
7급과 준 6급 포함

266	大 - 4	一 ナ 大 太	太陽(태양)　太平(태평)　太初(태초)
中 太	클　태 big	太　太	

267	土 - 3	一 十 土	土種(토종)　土地(토지)　黃土(황토)
中 土	흙　토 soil	土　土	

268	辶 - 11	丆 丆 丏 甬 甬 通	通信(통신)　通話(통화)　普通(보통)
中 通	통할　통 through	通　通	

269	牛 - 10	牛 牜 牜 牪 特 特	特技(특기)　特別(특별)　獨特(독특)
中 特	특별할 특 special	特　特	

270	八 - 2	ノ 八	八角(팔각)　八方(팔방)　三八(삼팔)
中 八	여덟　팔 eight	八　八	

기본문제 1 · 2 · 3　　위를 가리고 아래 기본문제를 풀어보시오.

문제 1　다음 한자의
독음을 쓰시오.

特	別		

문제 2　다음의 단어를
한자로 쓰시오.

태	고	

아주 오랜 옛날.

문제 3　위 쓰기란의
한자를 보기로 다음 사자
성어의 빈칸을 완성하시오.

七	顚		起

칠전팔기 : 일곱번 넘어
지고 여덟번 일어난다는
뜻으로 굽히지 않는 투지
를 이르는 말.

漢字能力檢定
7급과 준6급 포함

重要結構

271	人 - 9	亻 亻 仁 伊 伊 便 便	便利(편리)	便安(편안)	便所(변소)	
中	便	편할 편 / 오줌 변	便 便			

272	干 - 5	一 ㇀ 厂 ㄢ 平	平等(평등)	平面(평면)	和平(화평)	
中	平	평평할 평 / flat	平 平			

273	衣 - 8	一 十 龶 圭 耂 耒 表	表決(표결)	表現(표현)	發表(발표)	
中	表	거죽 표 / surface	表 表			

274	風 - 9	丿 几 凡 凧 風 風 風	風景(풍경)	風習(풍습)	熱風(열풍)	
中	風	바람 풍 / wind	風 風			

275	一 - 3	一 丅 下	下級(하급)	下衣(하의)	以下(이하)	
中	下	아래 하 / below	下 下			

기본문제 1·2·3   위를 가리고 아래 기본문제를 풀어보시오.

문제 **1** 다음 한자의 독음을 쓰시오.

便	紙		

문제 **2** 다음의 단어를 한자로 쓰시오.

상	하	

위와 아래. 윗사람과 아랫사람.

문제 **3** 위 쓰기란의 한자를 보기로 다음 사자성어의 빈칸을 완성하시오.

燈		不	明

등하불명 : 등잔 밑이 어둡다는 뜻으로 가까이 있는 것에 오히려 눈이 어둡다는 말.

漢字能力檢定
7급과 준 6급 포함

重要結構

276	攵-10	一丆丆百百夏夏夏	夏期(하기)	夏服(하복)	春夏(춘하)
中	夏	여름 하 / summer	夏 夏		

277	子-16	𦥯 𦥑 𦥑 𦥑 𦥑 學 學	學校(학교)	學院(학원)	文學(문학)
中	學	배울 학 / learn	學 學		

278	水-14	氵氵氵氵氵漢漢漢	漢文(한문)	漢陽(한양)	惡漢(악한)
中	漢	한수 한 / river	漢 漢		

279	韋-17	卓卓卓卓韓韓韓韓	韓國(한국)	韓日(한일)	北韓(북한)
中	韓	나라 한 / a state	韓 韓		

280	口-6	丿人人合合合	合格(합격)	合同(합동)	結合(결합)
中	合	합할 합 / unite	合 合		

기본문제 1·2·3   위를 가리고 아래 기본문제를 풀어보시오.

문제 1 다음 한자의 독음을 쓰시오.

放	學		

문제 2 다음의 단어를 한자로 쓰시오.

합	계	

수나 양 따위를 합하여 셈함.

문제 3 위 쓰기란의 한자를 보기로 다음 사자 성어의 빈칸을 완성하시오.

敎		相	長

교학상장: 가르치거나 배우는 것, 모두가 나의 학업에 보탬이 된다는 뜻.

漢字能力檢定
7급과 준 6급 포함

重要 結構

281	水-10	氵 广 汇 沔 沔 沔 海	海女(해녀)	海洋(해양)	沿海(연해)	
中	海	바다 해 / sea	海 海			

282	行-6	´ ㇒ 彳 彳 行 行	行軍(행군)	行動(행동)	進行(진행)	
中	行	갈 행 / go	行 行			

283	干-8	十 土 士 圡 圥 幸 幸	幸福(행복)	多幸(다행)	不幸(불행)	
中	幸	다행 행 / fortunate	幸 幸			

284	口-6	´ ㇒ 冂 冋 向 向	向方(향방)	向上(향상)	南向(남향)	
中	向	향할 향 / face	向 向			

285	玉-11	王 玎 玕 珂 玑 玗 現	現金(현금)	現在(현재)	表現(표현)	
中	現	나타날 현 / appear	現 現			

기본문제 1·2·3   위를 가리고 아래 기본문제를 풀어보시오.

문제 1 다음 한자의 독음을 쓰시오.

現	在		

문제 2 다음의 단어를 한자로 쓰시오.

해	양		

넓은 바다.

문제 3 위 쓰기란의 한자를 보기로 다음 사자 성어의 빈칸을 완성하시오.

論	功		賞

논공행상 : 공을 논하여 거기에 합당한 상을 내린 다는 뜻.

漢字能力檢定

7급과 준 6급 포함

重要結構

286	ㄦ-5	丶 冂 口 尸 兄	兄夫(형부)	兄弟(형제)	父兄(부형)		
中	兄	맏 형 elder brother	兄 兄				

287	彡-7	一 二 干 开 形 形 形	形成(형성)	形式(형식)	小形(소형)		
中	形	형상 형 form	形 形				

288	虍-13	号 号 號 號 號 號 號	信號(신호)	暗號(암호)	番號(번호)		
中	號	부를 호 call	號 號				

289	火-4	丶 丷 少 火	火力(화력)	火星(화성)	聖火(성화)		
中	火	불 화 fire	火 火				

290	艸-8	丶 丷 丷 芢 花 花 花	花粉(화분)	花草(화초)	木花(목화)		
中	花	꽃 화 flower	花 花				

기본문제 1·2·3 위를 가리고 아래 기본문제를 풀어보시오.

문제 1 다음 한자의 독음을 쓰시오.

番	號		

문제 2 다음의 단어를 한자로 쓰시오.

형	제		

형과 아우.

문제 3 위 쓰기란의 한자를 보기로 다음 사자 성어의 빈칸을 완성하시오.

錦	上	添	

금상첨화: 고급 비단에 꽃을 더한다는 뜻으로 좋은 일에 또 좋은 일을 더한다는 말.

漢字能力檢定
7급과 준6급 포함

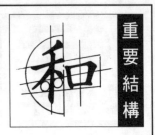

重要結構

291 口-8	ニ千禾禾禾和和	和睦(화목)	和合(화합)	平和(평화)
中 和	화목할 화 / peaceful	和 和		

292 田-13	ユユ圭書書書畵	畵家(화가)	畵面(화면)	映畵(영화)
中 畵	그림 화 / picture	畵 畵		

293 言-13	言計計計話話	對話(대화)	電話(전화)	話題(화제)
中 話	말할 화 / talk	話 話		

294 水-9	氵氵氵汗汗活活	活動(활동)	活用(활용)	生活(생활)
中 活	살 활 / live	活 活		

295 黃-12	一卄艹芾苗苗黃	黃金(황금)	黃牛(황우)	朱黃(주황)
中 黃	누를 황 / yellow	黃 黃		

기본문제 1·2·3
위를 가리고 아래 기본문제를 풀어보시오.

문제 1 다음 한자의 독음을 쓰시오.

平	和	

문제 2 다음의 단어를 한자로 쓰시오.

생	활	

어떤 행동이나 활동을 하며 살아가는 상태.

문제 3 위 쓰기란의 한자를 보기로 다음 사자성어의 빈칸을 완성하시오.

附		雷	同

부화뇌동: 아무런 주변 머리 없이 남의 의견이나 행동에 덩달아 따름.

漢字能力檢定

7급과 준6급 포함

重要結構

296	日-13	人 스 스 슈 슈 슐 會	會社(회사)	會議(회의)	司會(사회)
中 會	모을 회 meet	會 會			

297	子-7	一 十 土 耂 考 孝 孝	孝道(효도)	孝子(효자)	忠孝(충효)
中 孝	효도 효 filial piety	孝 孝			

298	彳-9	彳 彳 彳 袋 移 後	後期(후기)	後日(후일)	前後(전후)
中 後	뒤 후 after	後 後			

299	言-10	亠 言 言 言 訂 訓 訓	訓放(훈방)	訓示(훈시)	家訓(가훈)
中 訓	가르칠 훈 instruct	訓 訓			

300	人-6	丿 亻 亻 什 休 休	休日(휴일)	休學(휴학)	年休(연휴)
中 休	쉴 휴 rest	休 休			

기본문제 1·2·3　위를 가리고 아래 기본문제를 풀어보시오.

문제 1 다음 한자의 독음을 쓰시오.

前	後		

문제 2 다음의 단어를 한자로 쓰시오.

효	자		

효성스런 아들을 이르는 말.

문제 3 위 쓰기란의 한자를 보기로 다음 사자 성어의 빈칸을 완성하시오.

先	公		私

선공후사: 사사로운 일이나 이익보다는 공적인 일을 우선한다는 말.

6급 배정한자-150자

하위급수 포함하여 총 300자

家	球	讀	明	分	孫	語	人	主	便
歌	國	東	母	不	水	言	一	住	平
各	軍	冬	木	四	手	業	日	注	表
角	郡	同	目	死	數	然	入	晝	風
間	近	洞	門	事	樹	永	子	中	下
感	根	動	文	使	術	英	字	重	夏
江	金	童	問	社	習	午	自	地	學
強	今	頭	聞	山	勝	五	者	紙	漢
開	急	登	物	算	市	溫	作	直	韓
車	級	等	米	三	始	玉	昨	集	合
京	記	樂	美	上	時	外	長	窓	海
界	氣	來	民	色	式	用	章	千	行
計	旗	力	朴	生	食	勇	場	川	幸
古	南	例	反	西	植	右	才	天	向
苦	男	禮	半	書	身	運	材	青	現
高	內	老	班	夕	信	園	全	清	兄
公	女	路	發	石	神	遠	前	體	刑
共	年	綠	方	席	新	月	戰	草	號
功	農	六	放	先	失	由	電	寸	火
工	多	里	白	線	室	有	正	村	花
空	短	利	百	雪	心	油	定	秋	和
果	答	李	番	成	十	育	庭	春	畵
科	堂	理	別	姓	安	銀	弟	出	話
光	大	林	病	省	愛	音	第	親	活
校	代	立	服	世	夜	飮	題	七	黃
敎	待	萬	本	小	野	邑	祖	太	會
交	對	每	夫	少	弱	衣	朝	土	孝
九	道	面	父	所	藥	意	足	通	後
口	度	名	部	消	洋	醫	族	特	訓
區	圖	命	北	速	陽	二	左	八	休

5級

漢字能力檢定對備

漢字能力檢定

5급 200字 + 하급 300字

重要結構

301	口 - 5	一 ㄇ ㄇ 叮 可	可能(가능)　可否(가부)　不可(불가)		
中	可	옳을 가 / right	可　可		

302	力 - 5	ㄱ 力 加 加 加	加工(가공)　加入(가입)　參加(참가)		
中	加	더할 가 / plus	加　加		

303	人 - 15	亻 亻 俨 倅 價 價 價	價格(가격)　價値(가치)　定價(정가)		
中	價	값 가 / value	價　價		

304	攴 - 7	ㄱ ㄹ ㄹ ㄹ ㄹ 改	改良(개량)　改定(개정)　改造(개조)		
中	改	고칠 개 / improve	改　改		

305	宀 - 9	宀 宀 宓 宏 宏 客 客	客觀(객관)　客室(객실)　主客(주객)		
中	客	손 객 / guest	客　客		

기본문제 1 · 2 · 3   위를 가리고 아래 기본문제를 풀어보시오.

문제 1 다음 한자의 독음을 쓰시오.

價	格	

문제 2 다음의 단어를 한자로 쓰시오.

가	공	

원료나 재료로써 어떤 물건을 만들어 내는 일.

문제 3 위 쓰기란의 한자를 보기로 다음 사자성어의 빈칸을 완성하시오.

過	遷	善

개과천선: 과거의 잘못을 뉘우치고 착한 사람이 됨을 이르는 말.

5급 200字

漢字能力檢定
5급 200字 + 하급 300字

重要結構

306	ム-5	一十土去去	去來(거래)	去就(거취)	過去(과거)
中 去	갈 거 / leave	去 去			

307	手-18	與與擧	擧手(거수)	擧行(거행)	列擧(열거)
中 擧	들 거 / lift	擧 擧			

308	人-6	ノ 亻 件	物件(물건)	事件(사건)	要件(요건)
高 件	물건 건 / 사건 건	件 件			

309	廴-9	聿建建	建物(건물)	建築(건축)	創建(창건)
中 建	세울 건 / build	建 建			

310	人-11	律健健	健康(건강)	健全(건전)	保健(보건)
高 健	굳셀 건 / strong	健 健			

기본문제 1·2·3
위를 가리고 아래 기본문제를 풀어보시오.

문제 1 다음 한자의 독음을 쓰시오.

物	件	

문제 2 다음의 단어를 한자로 쓰시오.

거	래

①상품 따위를 사고 파는 일 ②서로의 이해 득실에 관련하는 교섭.

문제 3 위 쓰기란의 한자를 보기로 다음 사자 성어의 빈칸을 완성하시오.

輕		妄	動

경거망동 : 언행을 생각 없이 경솔하게 함부로 함을 이르는 말.

漢字能力檢定

5급 200字 + 하급 300字

311	木-10	十 才 杧 杦 柊 柊 格 格	格式(격식)	格調(격조)	品格(품격)
高	格	격식 격 formality	格 格		

312	見-7	ㅣ ㄇ ㄇ ㄇ 目 目 見	見本(견본)	見積(견적)	意見(의견)
中	見	볼 견 뵈울 현	見 見		

313	水-7	ﾞ ﾞ ﾞ ﾞ 氵 汀 泸 決	決心(결심)	決定(결정)	判決(판결)
中	決	결단할 결 decide	決 決		

314	糸-12	ㄠ ㄠ 幺 糸 糸 紅 紂 結 結	結論(결론)	結婚(결혼)	完結(완결)
中	結	맺을 결 join	結 結		

315	攵-13	艹 艹 芍 荀 荀 敬 敬	敬老(경로)	敬愛(경애)	尊敬(존경)
中	敬	공경 경 respect	敬 敬		

기본문제 1·2·3   위를 가리고 아래 기본문제를 풀어보시오.

문제 1 다음 한자의 독음을 쓰시오.

結	論		

문제 2 다음의 단어를 한자로 쓰시오.

견	본	

어떤 상품의 품질이나 상태를 보기 위해 전체의 일부의 수량인 본보기.

문제 3 위 쓰기란의 한자를 보기로 다음 사자성어의 빈칸을 완성하시오.

死	生		斷

사생결단: 죽고 사는 것을 생각하지 않고 끝장을 내려고 덤벼드는 것을 이르는 말.

漢字能力檢定
5급 200字 + 하급 300字

重要結構

316	日-12	一 日 曰 昌 昌 昜 景 景	景觀(경관)	景致(경치)	風景(풍경)	
中	景	볕 경 / scenery	景 景			

317	車-14	一 亘 車 車 輕 輕 輕	輕量(경량)	輕重(경중)	輕快(경쾌)	
中	輕	가벼울 경 / light	輕 輕			

318	立-20	立 产 竞 竞 竞 竞 競	競技(경기)	競爭(경쟁)	競合(경합)	
中	競	다툴 경 / compete	競 競			

319	老-6	一 十 土 夫 孝 考	考査(고사)	考案(고안)	參考(참고)	
中	考	생각할 고 / think	考 考			

320	口-7	ノ ト 牛 生 牛 告 告	告白(고백)	告發(고발)	報告(보고)	
中	告	고할 고 / tell	告 告			

기본문제 1·2·3   위를 가리고 아래 기본문제를 풀어보시오.

문제 1 다음 한자의 독음을 쓰시오.

輕	重		

문제 2 다음의 단어를 한자로 쓰시오.

고	백	

마음 속에 숨겨둔 비밀스러운 사실을 털어놓음.

문제 3 위 쓰기란의 한자를 보기로 다음 사자성어의 빈칸을 완성하시오.

深	思	熟	

심사숙고: 깊이 생가함. 또는 그 생각.

漢字能力檢定
5급 200字 + 하급 300字

重要結構

321	口 - 8	冂 冃 門 門 門 周 周 固	固守(고수) 固定(고정) 堅固(견고)
中	固	굳을 고 / firm	固 固

322	日 - 6	丨 口 巾 巾 曲 曲	曲線(곡선) 曲直(곡직) 作曲(작곡)
中	曲	굽을 곡 / bent	曲 曲

323	辵 - 13	咼 咼 渦 渦 渦 過	過去(과거) 過速(과속) 通過(통과)
中	過	지날 과 / excess	過 過

324	言 - 15	言 訂 評 評 課 課 課	課稅(과세) 課題(과제) 學課(학과)
中	課	매길 과 / imposition	課 課

325	門 - 19	門 門 閂 關 關 關 關	關係(관계) 關心(관심) 無關(무관)
中	關	빗장 과 / bolt	關 關

기본문제 1·2·3
위를 가리고 아래 기본문제를 풀어보시오.

문제 **1** 다음 한자의 독음을 쓰시오.

過	去		

문제 **2** 다음의 단어를 한자로 쓰시오.

고	정		

일정한 곳이나 상태에서 변하지 않게 함.

문제 **3** 위 쓰기란의 한자를 보기로 다음 사자 성어의 빈칸을 완성하시오.

確		不	動

확고부동 : 어떤 뜻이나 의지 따위가 흔들림이 없이 확실함을 이르는 말.

漢字能力檢定

5급 200字 + 하급 300字

重要結構

326	見-25	⺍ ⺍ ⺍ 莽 萑 觀 觀	觀光(관광)	觀察(관찰)	主觀(주관)		
中	觀	볼 관 look	觀 觀				
327	广-15	广 产 产 庐 庐 庸 廣	廣告(광고)	廣場(광장)	廣野(광야)		
中	廣	넓을 광 broad	廣 廣				
328	木-16	木 桥 桥 桥 橋 橋 橋	橋脚(교각)	橋梁(교량)	陸橋(육교)		
中	橋	다리 교 bridge	橋 橋				
329	八-8	冂 冂 月 月 目 且 具 具	具備(구비)	具體(구체)	工具(공구)		
高	具	갖출 구 equip	具 具				
330	攵-11	扌 求 求 求 求 救 救	救援(구원)	救助(구조)	救出(구출)		
中	救	구원할 구 save	救 救				

기본문제 1·2·3 위를 가리고 아래 기본문제를 풀어보시오.

문제 1 다음 한자의
독음을 쓰시오.

觀	察		

문제 2 다음의 단어를
한자로 쓰시오.

구	출	

어떠한 위험한 상태에서
구하여 냄.

문제 3 위 쓰기란의
한자를 보기로 다음 사자
성어의 빈칸을 완성하시오.

袖	手	傍	

수수방관: 팔짱 끼고 바라
만 본다는 뜻으로 무관심하
게 딴청부린다는 뜻.

漢字能力檢定

5급 200字 + 하급 300字

重要結構

331 臼-18	ｧ ｧﾟ ｧﾟﾟ 萑 舊 舊 舊	舊式(구식)	舊正(구정)	親舊(친구)		
中 舊	옛 구 / old	舊 舊				

332 尸-7	ﾌ ﾌﾟ 尸 月 局 局	局長(국장)	局限(국한)	當局(당국)		
高 局	판 국 / bureau	局 局				

333 貝-12	一 ﾛ 虫 虫 串 吉 貴 貴	貴族(귀족)	貴下(귀하)	尊貴(존귀)		
中 貴	귀할 귀 / noble	貴 貴				

334 見-11	ｧ ｧﾟ 知 知 規 規 規 規	規律(규율)	規則(규칙)	法規(법규)		
高 規	법 규 / rule	規 規				

335 糸-12	糸 糸 糸ﾟ 給 給 給 給	供給(공급)	月給(월급)	支給(지급)		
中 給	줄 급 / give	給 給				

기본문제 1·2·3 위를 가리고 아래 기본문제를 풀어보시오.

문제 **1** 다음 한자의 독음을 쓰시오.

供	給		

문제 **2** 다음의 단어를 한자로 쓰시오.

귀	하	

상대방을 높이어 부르는 말, 또는 서식에서 이름 뒤에 적는 말.

문제 **3** 위 쓰기란의 한자를 보기로 다음 사자 성어의 빈칸을 완성하시오.

送		迎	新

송구영신 : 묵은 해를 보내고 새해를 맞는다는 말.

5급 200字

漢字能力檢定

5급 200字 + 하급 300字

重要結構

336	己 - 3	ㄱ ㄱ 己		克己(극기)	自己(자기)	知己(지기)
中	己	몸 기 / self	己 己			

337	手 - 7	一 十 扌 扌 扩 抄 技		技能(기능)	技術(기술)	競技(경기)
中	技	재주 기 / skill	技 技			

338	土 - 11	一 廿 甘 其 其 基 基		基本(기본)	基礎(기초)	基準(기준)
中	基	터 기 / base	基 基			

339	水 - 7	丶 丶 氵 氵 沪 沪 汽		汽車(기차)	汽笛(기적)	汽船(기선)
外	汽	증기 기 / 김 기	汽 汽			

340	月 - 12	一 廿 甘 其 期 期 期		期約(기약)	期限(기한)	時期(시기)
中	期	기약할 기 / expect	期 期			

기본문제 1 · 2 · 3 위를 가리고 아래 기본문제를 풀어보시오.

문제 1 다음 한자의 독음을 쓰시오.

基	本		

문제 2 다음의 단어를 한자로 쓰시오.

자	기		

그 사람 자신을 이르는 말.

문제 3 위 쓰기란의 한자를 보기로 다음 사자 성어의 빈칸을 완성하시오.

克		復	禮

극기복례 : 자신의 지나친 욕심을 누르고 예의범절을 따르는다는 말.

5급 200字 漢字能力檢定

5급 200字 + 하급 300字

重要結構

341	口 - 6	一十士古古吉吉	吉日(길일)	吉兆(길조)	吉凶(길흉)
中	吉	길할 길 / lucky			

342	心 - 8	人人今今念念念	念頭(염두)	念願(염원)	想念(상념)
中	念	생각 념 / think			

343	肉 -10	厶月自自能能能	能力(능력)	能動(능동)	效能(효능)
中	能	능할 능 / ability			

344	口 -14	冂冂冋圃團團團	團結(단결)	團束(단속)	球團(구단)
高	團	둥글 단 / mass			

345	土 -16	土圹圹圹埍壇壇	敎壇(교단)	祭壇(제난)	壇上(단상)
高	壇	단 단 / altar			

기본문제 1·2·3 위를 가리고 아래 기본문제를 풀어보시오.

문제 **1** 다음 한자의 독음을 쓰시오.

團	結		

문제 **2** 다음의 단어를 한자로 쓰시오.

능	력	

어떤 일을 해낼 수 있는 힘.

문제 **3** 위 쓰기란의 한자를 보기로 다음 사자 성어의 빈칸을 완성하시오.

凶	禍	福

길흉화복 : 길함과 흉함. 재앙과 행복.

5급 200字 漢字能力檢定

5급 200字 + 하급 300字

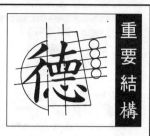

重要結構

346	言-15	≡ 言 言 言 訁 訍 談 談	談笑(담소)	談話(담화)	對談(대담)		
中	談	말씀 담 / comverse	談	談			

347	田-13	′ ⺌ 坐 尚 常 常 當	當面(당면)	當然(당연)	正當(정당)		
中	當	마땅 당 / suitable	當	當			

348	彳-9	彳 彳 彳 彳 德 德 德	德性(덕성)	德行(덕행)	道德(도덕)		
中	德	큰 덕 / big	德	德			

349	刀-8	一 工 互 圣 到 到	到達(도달)	到着(도착)	當到(당도)		
中	到	이를 도 / reach	到	到			

350	山-10	′ ⼴ 户 鸟 鸟 島 島 島	獨島(독도)	列島(열도)	半島(반도)		
中	島	섬 도 / island	島	島			

기본문제 1·2·3   위를 가리고 아래 기본문제를 풀어보시오.

문제 1 다음 한자의 독음을 쓰시오.

道	德		

문제 2 다음의 단어를 한자로 쓰시오.

정	당		

바르고 마땅한 일, 또는 이치가 당연함.

문제 3 위 쓰기란의 한자를 보기로 다음 사자 성어의 빈칸을 완성하시오.

背	恩	忘	

배은망덕 : 남에게 받은 은혜를 저버리고 도리어 배신함을 이르는 말.

漢字能力檢定

5급 200字 + 하급 300字

重要結構

351	邑-12	土 耂 者 者 都 都	都市(도시)　都邑(도읍)　首都(수도)		
中	都	도읍　도 city	都　都		

352	犬-16	犭 犭 狎 獨 獨 獨 獨	獨立(독립)　獨身(독신)　孤獨(고독)		
中	獨	홀로　독 alone	獨　獨		

353	艸-13	艹 艹 茫 莎 茨 落 落	落書(낙서)　落葉(낙엽)　脫落(탈락)		
中	落	떨어질　락 fall down	落　落		

354	月-11	彐 彐 自 自 良 朗 朗	朗讀(낭독)　朗報(낭보)　明朗(명랑)		
外	朗	밝을　랑 bright	朗　朗		

355	冫-7	丶 冫 冫 冸 冷 冷	冷水(냉수)　冷凍(냉동)　寒冷(한랭)		
中	冷	찰　랭 cold	冷　冷		

기본문제 1·2·3   위를 가리고 아래 기본문제를 풀어보시오.

문제 1 다음 한자의 독음을 쓰시오.

落	葉		

문제 2 다음의 단어를 한자로 쓰시오.

도	시	

도회지의 준말. 번화하고 중심이 되는 지역.

문제 3 위 쓰기란의 한자를 보기로 다음 사자 성어의 빈칸을 완성하시오.

秋	風		葉

추풍낙엽 : 늦가을 바람에 떨어지는 낙엽처럼 세력 따위가 시듦.

漢字能力檢定

5급 200字+하급 300字

重要結構

356	艮-7	⁷ ⁷ ∋ 甴 自 良	良民(양민)	良心(양심)	善良(선량)	
中	良	어질 량 good	良 良				

357	里-12	口 口 旦 异 昌 量 量	大量(대량)	數量(수량)	重量(중량)	
中	量	헤아릴 량 measure	量 量				

358	方-10	方 方 扩 扩 챠 旅 旅	旅客(여객)	旅館(여관)	旅行(여행)	
中	旅	나그네 려 traveler	旅 旅				

359	止-16	一 厂 厤 厤 厤 歷 歷	歷代(역대)	歷史(역사)	學歷(학력)	
中	歷	지날 력 pass	歷 歷				

360	糸-15	糸 紅 紅 綿 綀 練 練	練修(연수)	練習(연습)	熟練(숙련)	
中	練	익힐 련 drill	練 練				

기본문제 1·2·3 위를 가리고 아래 기본문제를 풀어보시오.

문제 **1** 다음 한자의 독음을 쓰시오.

旅	行		

문제 **2** 다음의 단어를 한자로 쓰시오.

양	심

자기의 행위에 대하여 언행을 바르게 하려는 마음.

문제 **3** 위 쓰기란의 한자를 보기로 다음 사자 성어의 빈칸을 완성하시오.

藥	苦	口

양약고구 : 좋은 약은 입에 쓰다는 말.

5급 200字

漢字能力檢定
5급 200字 + 하급 300字

重要結構

361	人 - 5	ノ 人 人 今 令	命令(명령)	法令(법령)	號令(호령)
中 令	하여금 령 order	令　令			

362	頁 - 14	ᄼ ᄼ 今 今 領 領 領	領收(영수)	領土(영토)	占領(점령)
中 領	거느릴 령 command	領　領			

363	力 - 12	ᄼ ᄽ ᄽᄽ ᄽᄽ 勞 勞 勞	勞苦(노고)	勞動(노동)	勤勞(근로)
中 勞	수고할 료 toil	勞　勞			

364	斗 - 10	ᄽ ᄽ ᄽ 米 米 料 料	料金(요금)	料理(요리)	資料(자료)
中 料	헤아릴 료 account	料　料			

365	水 - 10	氵 氵 氵 浐 流 流	流域(유역)	流行(유행)	江流(강류)
中 流	흐를 류 flow	流　流			

기본문제 1·2·3　위를 가리고 아래 기본문제를 풀어보시오.

문제 1　다음 한자의 독음을 쓰시오.

料	金		

문제 2　다음의 단어를 한자로 쓰시오.

유	행		

어떤 새로운 현상이나 경향이 한동안 널리 퍼짐을 이르는 말.

문제 3　위 쓰기란의 한자를 보기로 다음 사자성어의 빈칸을 완성하시오.

落	花		水

낙화유수 : 떨어지는 꽃과 흐르는 물이란 뜻으로 세월의 무상함을 이르는 말.

 漢字能力檢定
5급 200字 + 하급 300字

366	頁-19	米 米 米 类 新 類 類	類似(유사)	類型(유형)	分類(분류)
高 類	무리 류 class	類 類			

367	阜-11	크 阝 阝 阼 阡 陸 陸	陸軍(육군)	陸地(육지)	大陸(대륙)
中 陸	뭍 륙 land	陸 陸			

368	馬-10	l 厂 厂 厂 厓 馬 馬 馬	馬脚(마각)	馬車(마차)	牛馬(우마)
中 馬	말 마 horse	馬 馬			

369	木-5	一 二 干 末 末	末期(말기)	末年(말년)	月末(월말)
中 末	끝 말 end	末 末			

370	亠-3	` 亠 亡	亡命(망명)	亡身(망신)	興亡(흥망)
中 亡	망할 망 ruin	亡 亡			

기본문제 1 · 2 · 3 위를 가리고 아래 기본문제를 풀어보시오.

문제 **1** 다음 한자의 독음을 쓰시오.

分	類	

문제 **2** 다음의 단어를 한자로 쓰시오.

월	말	

그 달의 끝 무렵.

문제 **3** 위 쓰기란의 한자를 보기로 다음 사자성어의 빈칸을 완성하시오.

犬		之	勞

견마지로 : 개와 말의 수고를 비유하여 윗사람에게 바치는 노력을 겸손히 이르는 말.

漢字能力檢定

5급 200字 + 하급 300字

重要結構

371	月-11	` ` ` ` 望 望 望	觀望(관망)	所望(소망)	希望(희망)
中	望	바랄　망 hope	望　望		

372	貝-12	ㄇ 罒 罒 罒 買 買	買收(매수)	競買(경매)	豫買(예매)
中	買	살　매 buy	買　買		

373	貝-15	ㅗ ㅗ 声 吉 声 賣 賣	賣上(매상)	賣店(매점)	都賣(도매)
中	賣	팔　매 sell	賣　賣		

374	火-12	┌ ┌ ┌ 無 無 無 無	無識(무식)	無限(무한)	有無(유무)
中	無	없을　무 nothing	無　無		

375	人-10	亻 亻 倅 倅 倅 倍 倍	倍加(배가)	倍數(배수)	二倍(이배)
高	倍	곱　배 double	倍　倍		

기본문제 1·2·3　위를 가리고 아래 기본문제를 풀어보시오.

문제 **1** 다음 한자의 독음을 쓰시오.

所	望	

문제 **2** 다음의 단어를 한자로 쓰시오.

유	무	

있음과 없음.

문제 **3** 위 쓰기란의 한자를 보기로 다음 사자성어의 빈칸을 완성하시오.

束	手	策

속수무책 : 손에 묶인 듯이 어쩔 도리가 없어 꼼짝할 수 없음을 이르는 말.

5급 200字

漢字能力檢定
5급 200字 + 하급 300字

重要結構

376	水 - 8	`丶 氵 氵 汁 泟 法 法`	法律(법률)	法院(법원)	六法(육법)		
中	法	법 법 / law	法 法				

377	言 - 23	`亠 言 結 継 變 變 變`	變更(변경)	變化(변화)	急變(급변)		
中	變	변할 변 / change	變 變				

378	八 - 7	`丿 亻 亇 乍 斤 乒 兵`	兵力(병력)	兵法(병법)	兵士(병사)		
中	兵	병사 병 / soldier	兵 兵				

379	示 - 14	`礻 礻 祁 祠 福 福 福`	福利(복리)	福祉(복지)	幸福(행복)		
中	福	복 복 / good fortune	福 福				

380	大 - 18	`一 二 三 丰 夫 表 奉`	奉仕(봉사)	奉養(봉양)	信俸(신봉)		
中	奉	받들 봉 / serve	奉 奉				

기본문제 1 · 2 · 3   위를 가리고 아래 기본문제를 풀어보시오.

문제 **1** 다음 한자의 독음을 쓰시오.

變	化	

문제 **2** 다음의 단어를 한자로 쓰시오.

행	복	

모자람이 없이 기쁘고 넉넉하고 푸근함.

문제 **3** 위 쓰기란의 한자를 보기로 다음 사자성어의 빈칸을 완성하시오.

轉	禍	爲	

전화위복 : 화가 바뀌어 오히려 복이 됨을 이르는 말.

漢字能力檢定

5급 200字 + 하급 300字

重要結構

381	比 - 4	- ۲ ۲ 比	견줄 비 compare	比 比		比例(비례)	比率(비율)	比重(비중)
中	比							

382	貝-12	₁ ₂ ₃ 典 弗 費 費	비용 비 spend	費 費		浪費(낭비)	消費(소비)	費用(비용)
高	費							

383	鼻-14	ⁿ 白 自 皀 皇 鼻 鼻	코 비 nose	鼻 鼻		鼻炎(비염)	鼻音(비음)	口備(구비)
中	鼻							

384	水 - 5	﹅ ﹅ 氺 氺 氷	얼음 빙 ice	氷 氷		氷山(빙산)	氷河(빙하)	結氷(결빙)
中	氷							

385	士 - 3	一 十 士	선비 사 scholar	士 士		士氣(사기)	士兵(사병)	博士(박사)
中	士							

기본문제 1 · 2 · 3 위를 가리고 아래 기본문제를 풀어보시오.

문제 **1** 다음 한자의 독음을 쓰시오.

費	用		

문제 **2** 다음의 단어를 한자로 쓰시오.

사	기		

싸우려 하는 병사들의 씩씩한 기개.

문제 **3** 위 쓰기란의 한자를 보기로 다음 사자성어의 빈칸을 완성하시오.

	氣	衝	天

사기충천 : 사기가 하늘을 찌를 듯함을 이르는 말.

5급 200字

漢字能力檢定

5급 200字 + 하급 300字

重要結構

386	口-5	ノ 口 口 史 史		史記(사기)	史上(사상)	歷史(역사)
中	史	사기 사 history	史 史			

387	人-5	ノ イ 仁 什 仕		給仕(급사)	出仕(출사)	奉仕(봉사)
中	仕	섬길 사 serve	仕 仕			

388	木-9	一 十 木 杏 杏 杏 查		檢査(검사)	考査(고사)	調査(조사)
高	査	조사할 사 look into	査 査			

389	心-9	ノ 口 田 田 思 思 思		思考(사고)	思想(사상)	意思(의사)
中	思	생각 사 think	思 思			

390	宀-15	宀 宀 宀 宀 宀 宵 寫 寫		寫本(사본)	寫眞(사진)	複寫(복사)
高	寫	베낄 사 copy	寫 寫			

기본문제 1·2·3

위를 가리고 아래 기본문제를 풀어보시오.

문제 1 다음 한자의 독음을 쓰시오.

思	考		

문제 2 다음의 단어를 한자로 쓰시오.

봉	사	

자신의 이해를 돌보지 않고 몸과 마음을 남을 위해 일함.

문제 3 위 쓰기란의 한자를 보기로 다음 사자 성어의 빈칸을 완성하시오.

不	可		議

불가사의 : 상식으로는 도저히 생각하기 어려운 기이한 일.

漢字能力檢定

5급 200字 + 하급 300字

重要結構

391 生-11	一 ᅳ 去 产 产 产 產	産母(산모)	産地(산지)	生産(생산)
中 産	낳을 산 / born	産 産		

392 目-9	才 木 朴 相 相 相 相	相談(상담)	相對(상대)	相議(상의)
中 相	서로 상 / mutual	相 相		

393 口-11	一 ᅩ 产 产 两 两 商 商	商業(상업)	商品(상품)	巨商(거상)
中 商	장사 상 / commerce	商 商		

394 貝-15	ᅭ 尚 尚 尚 常 常 賞	賞金(상금)	賞罰(상벌)	賞狀(상장)
中 賞	상줄 상 / prize	賞 賞		

395 广-7	ᅳ 广 广 庐 序 序	序論(서론)	序列(서열)	秩序(질서)
中 序	차례 서 / order	序 序		

기본문제 1·2·3   위를 가리고 아래 기본문제를 풀어보시오.

문제 1 다음 한자의 독음을 쓰시오.

商 業 □ □

문제 2 다음의 단어를 한자로 쓰시오.

생 산 □ □

인간의 생활에 필요한 물건을 만드는 일.

문제 3 위 쓰기란의 한자를 보기로 다음 사자성어의 빈칸을 완성하시오.

名 實 □ 符

명실상부 : 명성이 실상과 꼭 들어맞아 빛남을 이르는 말.

漢字能力檢定

5급 200字 + 하급 300字

重要結構 選

396	人 - 5	ノ イ 仁 仙 仙	仙境(선경) 仙女(선녀) 神仙(신선)
中 仙	신선 선 hermit	仙 仙	

397	舟 - 11	ノ 几 月 舟 舟 船 船	船室(선실) 船員(선원) 船長(선장)
中 船	배 선 ship	船 船	

398	口 - 12	丷 䒑 羊 羊 羔 羞 善	善良(선량) 善惡(선악) 改善(개선)
中 善	착할 선 goodness	善 善	

399	辵 - 16	⺀ ⺗ 罒 巽 巽 選 選	選出(선출) 選擇(선택) 直選(직선)
中 選	가릴 선 select	選 選	

400	魚 - 17	甶 甶 备 魚 魚 鮮 鮮	鮮明(선명) 鮮血(선혈) 新鮮(신선)
中 鮮	고울 선 fresh	鮮 鮮	

기본문제 1·2·3 위를 가리고 아래 기본문제를 풀어보시오.

문제 1 다음 한자의 독음을 쓰시오.

選 出 ☐ ☐

문제 2 다음의 단어를 한자로 쓰시오.

선 녀 ☐ ☐

선경이나 하늘에 산다는 선경의 여자.

문제 3 위 쓰기란의 한자를 보기로 다음 사자 성어의 빈칸을 완성하시오.

勸 ☐ 徵 惡

권선징악 : 착한 일을 권장하고 악한 일을 징계함을 이르는 말.

漢字能力檢定

5급 200字 + 하급 300字

重要結構

401	言-14	ニ 言 言 訡 諂 諂 說	說明(설명)　設問(설문)　論說(논설)
中 說	말씀　설 달랠　세	說　説	

402	心-8	＾ ↑ ↑ ⺖ ⺖ 忄 性 性	性格(성격)　性質(성질)　品性(품성)
中 性	성품　성 personality	性　性	

403	水-9	氵 氵 氵 氵 汼 洮 洗	洗手(세수)　洗車(세차)　洗濯(세탁)
中 洗	씻을　세 wash	洗　洗	

404	止-13	⺊ 广 厃 岁 歲 歲 歲	歲拜(세배)　歲月(세월)　年歲(연세)
中 歲	해　세 year	歲　歲	

405	木-7	一 ｢ 一 口 亘 束 束	拘束(구속)　團束(단속)　約束(약속)
高 束	묶을　속 bind	束　束	

기본문제 1·2·3　위를 가리고 아래 기본문제를 풀어보시오.

문제 1　다음 한자의 독음을 쓰시오.

約	束	

문제 2　다음의 단어를 한자로 쓰시오.

설	명	

어떤 일의 내용 따위를 알기 쉽게 밝혀서 말함.

문제 3　위 쓰기란의 한자를 보기로 다음 사자 성어의 빈칸을 완성하시오.

說	往		來

설왕설래 : 어떤 일의 시비를 따지느라 옥신각신함을 이르는 말.

漢字能力檢定
5급 200字 + 하급 300字

406	首 - 9	八 丷 广 产 首 首 首	首都(수도)	首相(수상)	元首(원수)
中	首	머리 수 / head	首 首		

407	宀 - 11	宀 广 户 户 宿 宿 宿	宿泊(숙박)	宿所(숙소)	合宿(합숙)
中	宿	잘 숙 / lodge	宿 宿		

408	頁 - 12	川 川 順 順 順 順	順理(순리)	順番(순번)	式順(식순)
中	順	순할 순 / obey	順 順		

409	示 - 5	一 二 亍 示 示	示範(시범)	示威(시위)	表示(표시)
中	示	보일 시 / exhibit	示 示		

410	言 - 19	言 訁 評 諳 識 識 識	識別(식별)	無識(무식)	標識(표지)
中	識	알 식 / 기록할 지	識 識		

기본문제 1·2·3 위를 가리고 아래 기본문제를 풀어보시오.

문제 1 다음 한자의 독음을 쓰시오.

無	識		

문제 2 다음의 단어를 한자로 쓰시오.

표	시	

겉으로 드러내어 보임.

문제 3 위 쓰기란의 한자를 보기로 다음 사자 성어의 빈칸을 완성하시오.

博	學	多	

박학다식 : 학식이 넓고 아는 것이 많음을 이르는 말.

漢字能力檢定

5급 200字 + 하급 300字

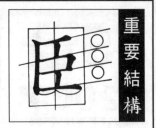

重要結構

411	臣 – 6	丨 丨 丨 丨 丨 丨 丨 臣	君臣(군신)	忠臣(충신)	臣下(신하)
中	臣	신하 신 minister	臣	臣		

412	宀 – 9	宀 宀 宀 宀 宀 實 實	實果(실과)	實力(실력)	事實(사실)
中	實	열매 실 fruit	實	實		

413	儿 – 8	丨 丨 丨 丨 丨 臼 臼 兒	兒童(아동)	兒役(아역)	孤兒(고아)
中	兒	아이 아 baby	兒	兒		

414	心 – 12	丨 丨 丨 丨 亞 惡 惡	惡毒(악독)	惡用(악용)	善惡(선악)
中	惡	악할 악 미워할 오	惡	惡		

415	木 – 10	宀 宀 安 安 安 案 案	案件(안건)	考案(고안)	提案(제안)
中	案	책상 안 desk	案	案		

기본문제 1 · 2 · 3 　위를 가리고 아래 기본문제를 풀어보시오.

문제 **1** 다음 한자의 독음을 쓰시오.

實	力		

문제 **2** 다음의 단어를 한자로 쓰시오.

선	악		

착함과 악함. 좋은 일과 나쁜 일.

문제 **3** 위 쓰기란의 한자를 보기로 다음 사자성어의 빈칸을 완성하시오.

君		有	義

군신유의 : 오륜의 하나로 임금과 신하의 도리는 의리에 있음을 이르는 말.

 漢字能力檢定

5급 200字 + 하급 300字

重要結構

416	糸-9	ㄠ ㄠ ㅢ 糸 約 約 約	約束(약속) 約婚(약혼) 先約(선약)
中	約	맺을 약 / promise	約 約

417	食-15	ﾄ ﾊ 羊 美 莠 養 養	養分(양분) 養成(양성) 入養(입양)
中	養	기를 양 / breed	養 養

418	魚-11	ノ ⺈ 刍 币 伯 魚 魚	魚類(어류) 魚貝(어패) 人魚(인어)
中	魚	물고기 어 / fish	魚 魚

419	水-14	氵 氵 汩 沪 渔 渔 漁	漁夫(어부) 漁場(어장) 出漁(출어)
中	漁	고기잡을 어 / fishing	漁 漁

420	人-15	亻 伫 倅 倍 億 億	億萬(억만) 億兆(억조) 數億(수억)
中	億	억 억 / hundred million	億 億

기본문제 1·2·3　위를 가리고 아래 기본문제를 풀어보시오.

문제 **1** 다음 한자의 독음을 쓰시오.

養 成

문제 **2** 다음의 단어를 한자로 쓰시오.

인 어

상반신이 사람의 몸으로 하반신이 물고기인 상상의 동물.

문제 **3** 위 쓰기란의 한자를 보기로 다음 사자성어의 빈칸을 완성하시오.

父 之 利

어부지리 : 둘이 다투는 사이에 제삼자가 그 이익을 쉽게 가로챔을 말함.

漢字能力檢定

5급 200字 + 하급 300字

重要結構

421	火-15	土 大 查 刼 勎 執 熱 熱	熱狂(열광)	熱病(열병)	加熱(가열)		
中	熱	더울 열 / hot	熱	熱			

422	艸-13	艹 艹 苹 莘 荢 荢 葉	葉茶(엽차)	葉書(엽서)	落葉(낙엽)		
中	葉	잎 엽 / leaf	葉	葉			

423	尸-9	一 コ 尸 戽 居 屋 屋	家屋(가옥)	洋屋(양옥)	屋外(옥외)		
中	屋	집 옥 / house	屋	屋			

424	宀-7	丶 宀 宀 宁 宇 完	完決(완결)	完成(완성)	未完(미완)		
中	完	완전할 완 / complete	完	完			

425	襾-9	一 厂 襾 襾 覀 要 要 要	要求(요구)	要所(요소)	必要(필요)		
中	要	구할 요 / seek	要	要			

기본문제 1 · 2 · 3 　위를 가리고 아래 기본문제를 풀어보시오.

문제 **1** 다음 한자의 독음을 쓰시오.

家	屋	

문제 **2** 다음의 단어를 한자로 쓰시오.

미	완	

「미완성」의 준말.

문제 **3** 위 쓰기란의 한자를 보기로 다음 사자성어의 빈칸을 완성하시오.

上	架	屋

옥상가옥 : 지붕위에 지붕이란 말로 부질없는 일을 거듭함을 이르는 말.

5급 200字

漢字能力檢定
5급 200字 + 하급 300字

重要結構

426	日-18	日 日 日 日 日 曜 曜	月曜 (월요)	木曜 (목요)	曜日 (요일)
外	曜	빛날 요 / glorious	曜 曜		

427	水-10	氵氵氵氵氵浴浴	沐浴 (목욕)	入浴 (입욕)	浴室 (욕실)
中	浴	목욕할 욕 / bath	浴 浴		

428	又-4	一 ナ 方 友	友愛 (우애)	友情 (우정)	級友 (급우)
中	友	벗 우 / friend	友 友		

429	牛-4	ノ ー 二 牛	牛骨 (우골)	牛乳 (우유)	黃牛 (황우)
中	牛	소 우 / cow	牛 牛		

430	雨-4	一 丆 帀 帀 雨 雨 雨	雨期 (우기)	雨備 (우비)	風雨 (풍우)
中	雨	비 우 / rain	雨 雨		

기본문제 1·2·3
위를 가리고 아래 기본문제를 풀어보시오.

문제 1 다음 한자의 독음을 쓰시오.

曜	日		

문제 2 다음의 단어를 한자로 쓰시오.

욕	실		

목욕할 수 있는 시설을 갖춘 방.

문제 3 위 쓰기란의 한자를 보기로 다음 사자성어의 빈칸을 완성하시오.

九		一	毛

구우일모 : 아홉 마리 소에 한 가닥의 털이란 말로 지극히 적음을 이르는 말.

漢字能力檢定

5급 200字 + 하급 300字

重要結構

번호	부수	필순	훈음	영어	쓰기		예시		
431	雨-12	一 二 千 雨 雫 雲 雲 雲	구름 운	cloud	雲 雲		雲集(운집)	雲海(운해)	星雲(성운)
432	隹-12	厷 夿 夿 夿 夿 雄 雄	수컷 웅	male	雄 雄		雄大(웅대)	雄壯(웅장)	英雄(영웅)
433	儿-4	一 二 テ 元	으뜸 원	principal	元 元		元金(원금)	元素(원소)	次元(차원)
434	厂-10	一 厂 厂 厈 盾 原 原	근원 원	origin	原 原		原價(원가)	原理(원리)	平原(평원)
435	阜-10	彐 阝 阽 阼 阼 阼 陟 院	집 원	house	院 院		院長(원장)	病院(병원)	學院(학원)

기본문제 1·2·3 위를 가리고 아래 기본문제를 풀어보시오.

문제 1 다음 한자의 독음을 쓰시오. 星 雲

문제 2 다음의 단어를 한자로 쓰시오. 원 가   제품의 생산이나 공급에 쓰인 순수한 비용.

문제 3 위 쓰기란의 한자를 보기로 다음 사자성어의 빈칸을 완성하시오. 狀 回 復   원상회복 : 변질된 것이 본디의 상태로 회복되는 것.

5급 200字

漢字能力檢定
5급 200字 + 하급 300字

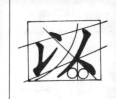

重要結構

436	頁-19	厂 厂 厇 厡 願 願 願	願書(원서)	祈願(기원)	所願(소원)
中	願	원할 원 / want	願 願		

437	人-7	ノ 亻 亻 亻 俨 俨 位 位	單位(단위)	部位(부위)	位置(위치)
中	位	자리 위 / position	位 位		

438	人-11	亻 亻 亻 偉 偉 偉 偉	偉大(위대)	偉力(위력)	偉人(위인)
中	偉	위대할 위 / great	偉 偉		

439	人-5	ㄱ ㅣ ㅣ 以 以	以內(이내)	以上(이상)	以前(이전)
中	以	써 이 / by	以 以		

440	耳-6	一 丁 丁 丌 丌 耳	馬耳(마이)	牛耳(우이)	耳目(이목)
中	耳	귀 이 / ear	耳 耳		

기본문제 1 · 2 · 3
위를 가리고 아래 기본문제를 풀어보시오.

문제 1 다음 한자의 독음을 쓰시오.

願	書		

문제 2 다음의 단어를 한자로 쓰시오.

이	상		

그것을 포함시켜 그것보다 많거나 위임을 나타내는 말.

문제 3 위 쓰기란의 한자를 보기로 다음 사자성어의 빈칸을 완성하시오.

	熱	治	熱

이열치열 : 열은 열로써 다스린다는 말.

漢字能力檢定

5급 200字 + 하급 300字

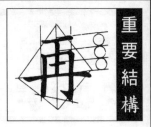

重要結構

441	口 - 6	丨冂冂冃冈因	起因(기인) 死因(사인) 因果(인과)
中	因	인할 인 / cause	因 因

442	人 - 6	丿亻亻仁仟任	任期(임기) 任務(임무) 信任(신임)
高	任	맡길 임 / charge	任 任

443	冂 - 6	一丆厅再再	再考(재고) 再生(재생) 再次(재차)
中	再	두 재 / again	再 再

444	火 - 7	ㄑㄑㄑㄑㄑㄑ炎災	災殃(재앙) 災害(재해) 天災(천재)
高	災	재앙 재 / calamity	災 災

445	木 - 7	一十才木朾村材	材料(재료) 材質(재질) 木材(목재)
中	材	재목 재 / timber	材 材

기본문제 1·2·3 위를 가리고 아래 기본문제를 풀어보시오.

문제 **1** 다음 한자의 독음을 쓰시오.

任	期		

문제 **2** 다음의 단어를 한자로 쓰시오.

목	재		

건축이나 가구 제조에 쓰이는 나무로 된 재료.

문제 **3** 위 쓰기란의 한자를 보기로 다음 사자성어의 빈칸을 완성하시오.

適		適	所

적재적소 : 어떤 사람의 재능에 맞는 임무나 자리를 주는 것.

漢字能力檢定

5급 200字 + 하급 300字

重要結構

446	貝-10	⺆ 目 貝 貝 貯 財 財	財物(재물)	財産(재산)	財貨(재화)		
中 財	재물 재 / property	財 財					

447	爪-8	⺍ ⺧ 爭 爭 爭 爭 爭	爭取(쟁취)	爭奪(쟁탈)	戰爭(전쟁)		
中 爭	다툴 쟁 / quarrel	爭 爭					

448	貝-12	⺆ 目 貝 貯 貯 貯 貯 貯	貯金(저금)	貯蓄(저축)	貯水(저수)		
中 貯	쌓을 저 / save	貯 貯					

449	赤-7	一 十 土 ㄤ 方 赤 赤	赤道(적도)	赤色(적색)	赤字(적자)		
中 赤	붉을 적 / red	赤 赤					

450	白-8	⺀ ⺀ ⺀ 白 的 的 的 的	公的(공적)	目的(목적)	的中(적중)		
中 的	과녁 적 / target	的 的					

기본문제 1·2·3   위를 가리고 아래 기본문제를 풀어보시오.

문제 1 다음 한자의 독음을 쓰시오.

戰	爭		

문제 2 다음의 단어를 한자로 쓰시오.

목	적		

이룩하거나 도달하려고 하는 목표나 방향.

문제 3 위 쓰기란의 한자를 보기로 다음 사자 성어의 빈칸을 완성하시오.

字	黑	字

적자흑자 : 수지 결산등 에서 손해와 이익을 말함.

漢字能力檢定

5급 200字 + 하급 300字

重要結構

451	八 - 8	冂 冋 冊 冊 曲 典 典	古典 (고전)	法典 (법전)	祭典 (제전)
中	典	법 전 / law	典	典	

452	尸 - 10	尸 尸 尼 屄 屄 屐 展	展開 (전개)	展示 (전시)	發展 (발전)
中	展	펼 전 / spread	展	展	

453	人 - 13	亻 亻 亻 伸 伸 傳 傳	傳記 (전기)	傳達 (전달)	宣傳 (선전)
中	傳	전할 전 / transmit	傳	傳	

454	刀 - 4	一 ヒ 切 切	切感 (절감)	切親 (절친)	一切 (일체)
高	切	끊을 절 / 온통 체	切	切	

455	竹 - 15	竹 竹 笳 笁 笪 節 節	節氣 (절기)	節約 (절약)	時節 (시절)
中	節	마디 절 / joint	節	節	

기본문제 1 · 2 · 3   위를 가리고 아래 기본문제를 풀어보시오.

문제 1 다음 한자의 독음을 쓰시오.

展	開		

문제 2 다음의 단어를 한자로 쓰시오.

시	절	

한평생을 여럿으로 구분한 어느 한동안.

문제 3 위 쓰기란의 한자를 보기로 다음 사자성어의 빈칸을 완성하시오.

以	心		心

이심전심 : 말이나 글에 의하지 않고 마음에서 마음으로 전함.

5급 200字

漢字能力檢定

5급 200字 + 하급 300字

情

重要結構

456	广 - 8	一广广广店店店店	分店(분점)	商店(상점)	店員(점원)
中	店	가게 점 / shop	店 店		

457	人 - 11	亻广广停停停停停	停年(정년)	停止(정지)	停車(정차)
中	停	머무를 정 / stay	停 停		

458	心 - 11	忄忄忄忄情情情	情感(정감)	情熱(정열)	母情(모정)
中	情	뜻 정 / affection	情 情		

459	言 - 15	言訂訂調調調調	調査(조사)	調和(조화)	同調(동조)
中	調	고를 조 / adjust	調 調		

460	手 - 16	扌扩押揑揑揑操操	操心(조심)	操作(조작)	志操(지조)
高	操	잡을 조 / take	操 操		

기본문제 1 · 2 · 3

위를 가리고 아래 기본문제를 풀어보시오.

문제 1 다음 한자의 독음을 쓰시오.

調	査		

문제 2 다음의 단어를 한자로 쓰시오.

심	정		

마음에 품은 생각과 감정.

문제 3 위 쓰기란의 한자를 보기로 다음 사자성어의 빈칸을 완성하시오.

無	味	乾	

무미건조 : 맛이 없고 매마르다는 뜻으로 운치나 재미가 없음을 이르는 말.

漢字能力檢定

5급 200字 + 하급 300字

重要結構

461	十 - 8	一 亠 六 立 亦 卒 卒	卒倒(졸도)	卒業(졸업)	高卒(고졸)	
中	卒	마칠 졸 / 군사 졸	卒 卒			

462	糸 - 11	纟 纟 糸 糸 紦 終 終	終結(종결)	終末(종말)	最終(최종)	
中	終	마칠 종 / end	終 終			

463	禾 - 14	禾 秆 和 稻 種 種 種	種類(종류)	種目(종목)	各種(각종)	
中	種	씨 종 / seed	種 種			

464	网 - 13	罒 罒 罒 罪 罪 罪 罪	罪名(죄명)	罪人(죄인)	無罪(무죄)	
中	罪	허물 죄 / sin	罪 罪			

465	川 - 6	丶 丿 少 州 州 州	滿州(만주)	美州(미주)	亞州(아주)	
高	州	고을 주 / province	州 州			

기본문제 1·2·3

위를 가리고 아래 기본문제를 풀어보시오.

문제 1 다음 한자의 독음을 쓰시오.

문제 2 다음의 단어를 한자로 쓰시오.

졸	업		

학교 따위에서 정해진 교과 과정을 모두 마침.

문제 3 위 쓰기란의 한자를 보기로 다음 사자 성어의 빈칸을 완성하시오.

오합지졸 : 까마귀떼처럼 정렬됨이 없는 무질서한 군사를 이르는 말.

漢字能力檢定

5급 200字 + 하급 300字

重要結構

466	足-12	刀 月 用 周 凋 调 週	週末(주말)	週日(주일)	來週(내주)	
外 週		주일 주 week	週	週		

467	止-4	丨 ㅏ ㅓㅏ 止	禁止(금지)	防止(방지)	停止(정지)	
中 止		그칠 지 stop	止	止		

468	矢-8	′ ′ ′ ′ ′ 矢 知 知 知	知覺(지각)	知性(지성)	未知(미지)	
中 知		알 지 know	知	知		

469	貝-15	′ ′′′ ′′′ ′′′ 質 質 質	質問(질문)	質疑(질의)	物質(물질)	
中 質		바탕 질 substance	質	質		

470	目-12	′ ′ ′ ′ 羊 着 着	着工(착공)	着陸(착륙)	到着(도착)	
中 着		붙을 착 attach	着	着		

기본문제 1·2·3   위를 가리고 아래 기본문제를 풀어보시오.

문제 1 다음 한자의 독음을 쓰시오.

質	問		

문제 2 다음의 단어를 한자로 쓰시오.

주	말		

한 주일의 끝. 토요일, 또는 토요일과 일요일.

문제 3 위 쓰기란의 한자를 보기로 다음 사자 성어의 빈칸을 완성하시오.

不	問	可	

불문가지 : 묻지 않아도 능히 알 수 있음을 말함.

漢字能力檢定

5급 200字 ＋ 하급 300字

重要結構

471	ム-11	ㅗ ㅛ ㅆ 央 來 參 參	參加 (참가)	參席 (참석)	參百 (삼백)		
中 參	참여할 참 / 석 삼	參	參				

472	口-11	口 口＾ 吅＾ 唄 唄 唱 唱	歌唱 (가창)	獨唱 (독창)	再唱 (재창)		
中 唱	부를 창 / sing	唱	唱				

473	貝-11	一 十 圭 圭 責 責 責	責務 (책무)	責任 (책임)	自責 (자책)		
中 責	꾸짖을 책 / reprove	責	責				

474	金-21	金 金' 鈩 鈩 鐵 鐵 鐵	鐵甲 (철갑)	鐵道 (철도)	鐵分 (철분)		
中 鐵	쇠 철 / iron	鐵	鐵				

475	刀-7	㇀ ㇇ ㇆ ㇅ ㇆ 初 初	初級 (초급)	初等 (초등)	始初 (시초)		
中 初	처음 초 / beginning	初	初				

기본문제 1·2·3 위를 가리고 아래 기본문제를 풀어보시오.

문제 1 다음 한자의 독음을 쓰시오.

參	加		

문제 2 다음의 단어를 한자로 쓰시오.

초	등	

차례로 올라가는 데 있어 맨 처음의 등급.

문제 3 위 쓰기란의 한자를 보기로 다음 사자 성어의 빈칸을 완성하시오.

石	肝	腸

철석간장 : 매우 굳센 지조를 이르는 말.

5급 200字

漢字能力檢定

5급 200字 + 하급 300字

重要結構

476 日-12	一一一日日最最最	最高(최고)	最新(최신)	最初(최초)		
中 最	가장 최 / most	最 最				

477 示-10	一一一和和祝祝	祝歌(축가)	祝福(축복)	祝賀(축하)		
中 祝	빌 축 / celebrate	祝 祝				

478 儿-5	一一士去去充	充分(충분)	充足(충족)	補充(보충)		
中 充	채울 충 / be full	充 充				

479 至-10	一云至至至致致致	致誠(치성)	致賀(치하)	景致(경치)		
中 致	이를 치 / bring about	致 致				

480 刀-9	冂 目 目 目 貝 則 則	教則(교칙)	法則(법칙)	原則(원칙)		
中 則	법칙 칙 / 곧 즉	則 則				

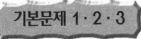 기본문제 1 · 2 · 3   위를 가리고 아래 기본문제를 풀어보시오.

문제 1 다음 한자의 독음을 쓰시오.

最	初		

문제 2 다음의 단어를 한자로 쓰시오.

법	칙		

일정한 조건 아래 반드시 성립되는 필연적이고 본질적인 관계.

문제 3 위 쓰기란의 한자를 보기로 다음 사자 성어의 빈칸을 완성하시오.

一		團	結

일치단결 : 여럿이 한덩어리로 굳게 뭉침을 이르는 말.

漢字能力檢定

5급 200字 + 하급 300字

重要結構

481	人 - 5	ノ イ 亻 他 他	他國(타국) 他人(타인) 他鄉(타향)
中 他	다를 타 other	他 他	

482	手 - 5	一 十 扌 打 打	打球(타구) 打殺(타살) 打者(타자)
中 打	칠 타 strike	打 打	

483	十 - 8	丶 卜 占 卢 卓 卓	卓越(탁월) 卓上(탁상) 食卓(식탁)
高 卓	높을 탁 lofty	卓 卓	

484	火 - 9	山 屵 炭 炭	炭鑛(탄광) 炭素(탄소) 木炭(목탄)
高 炭	숯 탄 coal	炭 炭	

485	宀 - 6	丶 宀 宀 宅	自宅(자택) 住宅(주택) 宅內(댁내)
中 宅	집 택 집 댁	宅 宅	

기본문제 1 · 2 · 3   위를 가리고 아래 기본문제를 풀어보시오.

문제 **1** 다음 한자의 독음을 쓰시오.

住	宅		

문제 **2** 다음의 단어를 한자로 쓰시오.

타	인	

다른 사람. 나 아닌 남을 이르는 말.

문제 **3** 위 쓰기란의 한자를 보기로 다음 사자성어의 빈칸을 완성하시오.

一	網		盡

일망타진 : 그물을 한 번 던져서 모조리 잡는다는 뜻.

漢字能力檢定

5급 200字 + 하급 300字

重要結構

486	木 - 8	十 才 木 村 板	木板(목판)	合板(합판)	板子(판자)	
高	板	널 판 board	板 板			

487	攵-11	目 月 貝 貯 敗 敗 敗	敗亡(패망)	敗因(패인)	勝敗(승패)	
中	敗	패할 패 lose	敗 敗			

488	口 - 9	口 口 品 品 品 品 品	品名(품명)	品目(품목)	作品(작품)	
中	品	물건 품 article	品 品			

489	心 - 5	` ソ 必 必 必	必須(필수)	必勝(필승)	必要(필요)	
中	必	반드시 필 surely	必 必			

490	竹-12	⺮ 竹 竺 笁 筝 筆 筆 筆	筆答(필답)	筆順(필순)	自筆(자필)	
中	筆	붓 필 writing brush	筆 筆			

기본문제 1·2·3 위를 가리고 아래 기본문제를 풀어보시오.

문제 1 다음 한자의 독음을 쓰시오.

勝	敗		

문제 2 다음의 단어를 한자로 쓰시오.

작	品	

그림, 조각 따위 예술 활동으로 만든 것.

문제 3 위 쓰기란의 한자를 보기로 다음 사자 성어의 빈칸을 완성하시오.

事		歸	正

사필귀정 : 모든 시비 곡직은 결국 바른 길로 되돌아 온다는 뜻.

漢字能力檢定

5급 200字 + 하급 300字

491	水 - 8	` 氵 氵 氵 氵 河 河	河口(하구)	河川(하천)	氷河(빙하)
中 河	강　하 river	河 河			

492	宀-12	宀 宀 宀 実 寒 寒 寒	寒波(한파)	寒害(한해)	防寒(방한)
中 寒	찰　한 cold	寒 寒			

493	宀-10	宀 宀 宀 宝 宝 害 害	害毒(해독)	加害(가해)	損害(손해)
中 害	해칠　해 harm	害 害			

494	言-11	言 言 言 訁 訐 許	許諾(허락)	許容(허용)	不許(불허)
中 許	허락할 허 allow	許 許			

495	水-12	氵 氵 氵 浒 湖 湖 湖	湖南(호남)	湖水(호수)	江湖(강호)
中 湖	호수　호 lake	湖 湖			

기본문제 1·2·3　위를 가리고 아래 기본문제를 풀어보시오.

문제 1　다음 한자의 독음을 쓰시오.　| 害 | 毒 | | |

문제 2　다음의 단어를 한자로 쓰시오.　| 하 | 천 | | |　시내나 강.

문제 3　위 쓰기란의 한자를 보기로 다음 사자 성어의 빈칸을 완성하시오.　| 歲 | | 三 | 友 |　세한삼우 : 겨울철 관상용인 세가지 나무. 소나무, 대나무, 매화나무.

漢字能力檢定

5급 200字 + 하급 300字

重要結構

번호	부수	획순	한자		예시 단어		
496 中	七-4	ノ イ 伫 化	化 화할 화 become	化 化	化工(화공)	化石(화석)	惡化(악화)
497 中	心-11	一 ㅂ 串 串 患 患 患	患 근심 환 anxiety	患 患	患者(환자)	老患(노환)	病患(병환)
498 中	攴-10	ㅗ ㅎ 亥 郊 效 效 效	效 본받을 효 imitate	效 效	效果(효과)	效力(효력)	無效(무효)
499 中	凵-4	ノ ㄨ 凶 凶	凶 흉할 흉 wicked	凶 凶	凶計(흉계)	凶年(흉년)	吉凶(길흉)
500 中	黑-12	口 四 甲 甲 里 黑 黑 黑	黑 검을 흑 black	黑 黑	黑白(흑백)	黑人(흑인)	暗黑(암흑)

기본문제 1·2·3

위를 가리고 아래 기본문제를 풀어보시오.

문제 1 다음 한자의 독음을 쓰시오.

患	者		

문제 2 다음의 단어를 한자로 쓰시오.

길	흉

길함과 흉함.

문제 3 위 쓰기란의 한자를 보기로 다음 사자성어의 빈칸을 완성하시오.

近	墨	者	

근묵자흑 : 먹을 가까이 하면 검어진다는 뜻으로 나쁜 사람과 친하면 곧 자기도 그리된다는 말.

5급 배정한자-200자
하위급수를 포함하여 총 500자

加	曲	吉	令	比	說	熱	因	卒	他
可	課	念	領	費	性	葉	任	終	打
價	過	能	勞	鼻	洗	屋	材	種	卓
改	關	團	料	氷	歲	完	財	罪	炭
客	觀	壇	流	士	束	要	再	州	宅
去	廣	談	類	仕	首	曜	災	週	板
擧	橋	當	陸	史	宿	浴	爭	止	敗
件		德	馬	思	順	牛	貯	知	品
建	具	到	末	査	示	友	赤	質	必
健	救	島	亡	寫	識	雨	的	着	筆
格	舊	都	望	産	臣	雲	典	參	河
見	局	獨	買	相	實	雄	展	唱	寒
決	貴	落	賣	商	兒	元	傳	責	害
結	規	朗	無	賞	惡	院	切	鐵	許
景	給	冷	倍	序	案	原	節	初	湖
敬	己	良	法	仙	約	願	店	最	化
輕	技	量	變	船	養	位	停	祝	患
競	汽	旅	兵	善	魚	偉	情	充	效
固	基	歷	福	選	漁	以	調	致	凶
考	期	練	奉	鮮	億	耳	操	則	黑

6급한자 능력검정시험대비
기출 · 예상문제

〈제5회 참조〉

1. 다음 한자의 독음을 쓰시오.

(1) 表現　　(2) 消費
(3) 山川　　(4) 用法
(5) 理由　　(6) 反對
(7) 體育　　(8) 草木
(9) 野球　　(10) 醫術
(11) 自然　　(12) 苦生
(13) 飮食　　(14) 禮式
(15) 對話　　(16) 石油
(17) 特別　　(18) 太陽
(19) 勝利　　(20) 白頭
(21) 直角　　(22) 銀行
(23) 等級　　(24) 計算
(25) 雲雪　　(26) 題目
(27) 歌手　　(28) 江南
(28) 番號　　(30) 問題

2. 다음 한자의 훈과 음을 쓰시오.

(31) 右　　(32) 向
(33) 寸　　(34) 物
(35) 溫　　(36) 愛
(37) 先　　(38) 本
(39) 式　　(40) 服
(41) 公　　(42) 共
(43) 平　　(44) 通
(45) 例　　(46) 道
(47) 孫　　(48) 交
(49) 病　　(50) 堂
(51) 米　　(52) 數
(53) 運　　(54) 下
(55) 重　　(56) 刑
(57) 京　　(58) 青
(58) 反　　(60) 藥

6급한자 능력검정시험대비
기출 · 예상문제

〈제5회 참조〉

3. 다음 훈과 음에 알맞는 한자를 쓰시오.

(61) 푸를 청

(62) 여름 하

(63) 발　족

(64) 기운 기

(65) 인간 세

(66) 서울 경

(67) 농사 농

(68) 일만 만

(69) 편할 편

(70) 힘　력

(71) 일　사

(72) 수풀 림

4. 다음 한자와 뜻이 반대되는 한자를 보기에서 골라 쓰시오.

보기	苦 紅 大 夕 夜 冷 長 多 强

(73) 少 (　　) (74) 靑 (　　)

(75) 晝 (　　) (76) 朝 (　　)

(77) 溫 (　　) (78) 短 (　　)

5. 다음 사자성어의 빈칸에 들어갈 알맞는 한자를 〈보기〉에서 골라 써 넣으시오.

보기	活 今 百 信 九 軍 同

(79)

東	西	古	

(80)

國		勇	士

(81)

同	苦		樂

(82)

自	己	自	

(83)

	死	一	生

6. 다음 낱말의 뜻을 쓰시오.

(84) 大小 :

(85) 代理 :

(86) 植樹 :

6급한자 능력검정시험대비
기출·예상문제

〈제5회 참조〉

7. 다음 낱말을 한자로 쓰시오.

(87) 형제(형과 아우)

(88) 성명(성과 이름)

(89) 효자(효성스런 아들)

(90) 남녀(남과 여)

(91) 등교(학교에 감)

(92) 동남(동쪽과 남쪽)

(93) 해외(나라 밖)

(94) 생명(살아있는 목숨)

(95) 춘추(봄 가을)

(96) 일월(해와 달)

8. 다음의 두 낱말① ② 중 장음(긴 소리)로 발음되는 말에 ○표를 하시오.

본보기	① 同詩 (○) ② 洞里 (　　)

(97) ① 前後(　　　) ② 戰後(　　　)

(98) ① 主人(　　　) ② 注文(　　　)

(99) ① 英才(　　　) ② 永遠(　　　)

(100) ① 古今(　　　) ② 高級(　　　)

5급 한자능력검정시험대비
기출 · 예상문제

〈제5회 참조〉

1. 다음 한자의 독음을 쓰시오.

(1) 反對　　　　(2) 敗戰

(3) 漁夫　　　　(4) 到着

(5) 消費　　　　(6) 展示

(7) 最高　　　　(8) 風向

(9) 根本　　　　(10) 打開

(11) 江山　　　　(12) 曜日

(13) 患者　　　　(14) 種類

(15) 調査　　　　(16) 家屋

(17) 兵卒　　　　(18) 停止

(19) 筆名　　　　(20) 加算

(21) 思考　　　　(22) 氷山

(23) 責任　　　　(24) 競爭

(25) 始初　　　　(26) 德性

(27) 有無　　　　(28) 情報

(28) 賞金　　　　(30) 節約

(31) 陸地　　　　(32) 效果

(33) 改定　　　　(34) 史書

(35) 說明

2. 다음 한자의 훈과 음을 쓰시오.

(36) 價　　　　(37) 團

(38) 當　　　　(39) 設

(40) 思　　　　(41) 賣

(42) 救　　　　(43) 告

(44) 材　　　　(45) 患

(46) 良　　　　(47) 件

(48) 課　　　　(49) 末

(50) 終　　　　(51) 束

(52) 建　　　　(53) 建

(54) 吉　　　　(55) 談

(56) 結　　　　(57) 變

(58) 料　　　　(58) 罪

(60) 友

5급 한자능력검정시험대비
기출·예상문제

〈제5회 참조〉

3. 다음 낱말을 한자로 쓰시오.

(61) 약초(약으로 쓰는 풀)

(62) 합계(모두 합함)

(63) 수족(손과 발)

(64) 병원(병을 고치는 집)

(65) 야간(밤사이)

(66) 평화(평온과 화목)

(67) 효도(효행하는 도)

(68) 집합(모임)

(69) 절약(아낌)

(70) 화제(이야깃거리)

(71) 승리(경쟁에서 이김)

(72) 강약(강하고 약함)

(73) 행동(몸을 움직임)

(74) 부모(어버이)

(75) 가훈(가정의 교훈)

(76) 교육(가르치고 기름)

(77) 정지(가다 멈춤)

(78) 강화(강하게 됨)

4. 다음의 훈과 음에 맞는 한자를 쓰시오.

(79) 전할 전

(80) 살필 성

(81) 비 우

(82) 마당 장

(83) 굳을 고

(84) 생각 념

5. 다음의 한자와 뜻이 반대되는 한자를 보기에서 골라 쓰시오.

보기	無 初 成 凶 冷 所 分

(85) 溫(   )   (86) 始(   )

(87) 吉(   )

5급 한자능력검정시험대비
기출·예상문제

〈제5회 참조〉

6. 다음 사자성어의 빈칸에 알맞은 한자를 보기에서 골라 쓰시오.

보기	傳生固卒民考去良

(88)

確		不	動

(89)

烏	合	之	

(90)

	藥	苦	口

(91)

以	心		心

(92)

深	思	熟	

7. 다음의 한자의 단어 중 앞 글자가 긴소리로 발음되는 번호에 ○표를 하시오.

(93) ① 前期 ② 全部 ③ 傳統 ④ 電話

(94) ① 同苦 ② 冬眠 ③ 同詩 ④ 冬至

(94) ① 行進 ② 行路 ③ 漢江 ④ 寒冷

(96) ① 高校 ② 古文 ③ 孤立 ④ 考案

(97) ① 家屋 ② 加工 ③ 歌曲 ④ 可能

8. 다음 한자의 약자를 쓰시오.

(98) 價

(99) 對

(100) 體

6급 한자능력검정시험 기출 · 예상문제
답 안

〈제5회 참조〉

(1) 표현 (2) 소비
(3) 산천 (4) 용법
(5) 이유 (6) 반대
(7) 체육 (8) 초목
(9) 야구 (10) 의술
(11) 자연 (12) 고생
(13) 음식 (14) 예식
(15) 대화 (16) 석유
(17) 특별 (18) 태양
(19) 승리 (20) 백두
(21) 직각 (22) 은행
(23) 등급 (24) 계산
(25) 운설 (26) 제목
(27) 가수 (28) 강남
(29) 번호 (30) 문제
(31) 오른쪽 우 (32) 향 할 향
(33) 마 리 촌 (34) 만 물 물
(35) 따뜻할 온 (36) 사 랑 애
(37) 먼 저 선 (38) 근 본 본
(39) 법 식 (40) 옷 복
(41) 공평할 공 (42) 함 께 공
(43) 평평할 평 (44) 통 할 통
(45) 법 식 례 (46) 길 도
(47) 손 자 손 (48) 사 귈 교
(49) 병 들 병 (50) 집 당
(51) 쌀 미 (52) 셀 수
(53) 옮 길 운 (54) 아 래 하
(55) 무거울 중 (56) 형 상 형
(57) 서 울 경 (58) 푸 를 청
(58) 돌이킬 반 (60) 약 약

(61) 靑 (62) 夏 (63) 足
(64) 氣 (65) 世 (66) 京
(67) 農 (68) 萬 (69) 便
(70) 力 (71) 事 (72) 林
(73) 多 (74) 紅 (75) 夜
(76) 夕 (77) 冷 (78) 長
(79) 今 (80) 軍 (81) 同
(82) 信 (83) 九
(84) 크고 작음
(85) 대신 처리함
(86) 나무를 심음
(87) 兄弟 (88) 性病 (89) 孝子
(90) 男女 (91) 登校 (92) 東南
(93) 海外 (94) 生命 (95) 春秋
(96) 日月
(97) ②-0 (98) ②-0
(99) ②-0 (100) ①-0

5급 한자능력검정시험 기출 · 예상문제
답안

〈제5회 참조〉

(1) 반대
(2) 패전
(3) 어부
(4) 도착
(5) 소비
(6) 전시
(7) 최고
(8) 풍향
(9) 근본
(10) 타개
(11) 강산
(12) 요일
(13) 환자
(14) 종류
(15) 조사
(16) 가옥
(17) 병졸
(18) 정지
(19) 필명
(20) 가산
(21) 사고
(22) 빙산
(23) 책임
(24) 경쟁
(25) 시초
(26) 덕성
(27) 유무
(28) 정보
(29) 상금
(30) 절약
(31) 육지
(32) 효과
(33) 개정
(34) 사서
(35) 설명

(36) 값 가
(37) 둥글 단
(38) 마땅 다
(39) 말씀 설
(40) 생각 사
(41) 팔 매
(42) 구원할 구
(43) 고할 고
(44) 재목 재
(45) 근심 환
(46) 어질 량
(47) 물건 건
(48) 매길 과
(49) 끝 말
(50) 마칠 종
(51) 묶을 속
(52) 세울 건
(53) 굳셀 건
(54) 길할 길
(55) 말씀 담
(56) 맺을 결
(57) 변할 변
(58) 헤아릴 료
(58) 허물 죄
(60) 벗 우

(61) 藥草
(62) 合計
(63) 手足
(64) 病院
(65) 夜間
(66) 平和
(67) 孝道
(68) 集合
(69) 節約
(70) 話題
(71) 勝利
(72) 強弱
(73) 行動
(74) 父母
(75) 家訓
(76) 教育
(77) 停止
(78) 強化
(79) 傳
(80) 省
(81) 雨
(82) 場
(83) 固
(84) 念
(85) 冷
(86) 初
(87) 凶
(88) 固
(89) 卒
(90) 良
(91) 傳
(92) 考
(93) ④
(94) ②
(95) ③
(96) ②
(97) ④
(98) 価
(99) 천
(100) 体

잘못 쓰기 쉬운 漢字(1)

綱	법	강	網	그물	망	問	물을	문	間	사이	간

綱	법	강	網	그물	망	問	물을	문	間	사이	간
開	열	개	閑	한가할	한	未	아닐	미	末	끝	말
決	정할	결	快	유쾌할	쾌	倍	갑절	배	培	북돋을	배
徑	지름길	경	經	날	경	伯	맏	백	佰	어른	백
古	예	고	右	오른	우	凡	무릇	범	几	안석	궤
困	지칠	곤	因	인할	인	復	다시	부	複	거듭	복
科	과목	과	料	헤아릴	료	北	북녘	북	兆	조	조
拘	잡을	구	枸	구기자	구	比	견줄	비	此	이	차
勸	권할	권	歡	기쁠	환	牝	암컷	빈	牡	수컷	모
技	재주	기	枝	가지	지	貧	가난	빈	貪	탐할	탐
端	끝	단	瑞	상서	서	斯	이	사	欺	속일	기
代	대신	대	伐	벨	벌	四	넉	사	匹	짝	필
羅	그물	라	罹	만날	리	象	형상	상	衆	무리	중
旅	나그네	려	族	겨레	족	書	글	서	晝	낮	주
老	늙을	로	考	생각할	고	設	세울	설	說	말씀	설
綠	초록빛	록	緣	인연	연	手	손	수	毛	털	모
論	의논할	론	輪	바퀴	륜	熟	익힐	숙	熱	더울	열
栗	밤	률	粟	조	속	順	순할	순	須	모름지기	수
摸	본뜰	모	模	법	모	戌	개	술	戍	막을	수
目	눈	목	自	스스로	자	侍	모실	시	待	기다릴	대

잘못 쓰기 쉬운 漢字(2)

市	저 자 시	布	베풀 포	情	인정 정	清	맑을 청
伸	펼 신	坤	땅 곤	爪	손톱 조	瓜	오이 과
失	잃을 실	矢	화살 시	准	법 준	淮	물이름 회
押	누를 압	抽	뽑을 추	支	지탱할 지	攴	칠 복
哀	슬플 애	衷	가운데 충	且	또 차	旦	아침 단
冶	녹일 야	治	다스릴 치	借	빌릴 차	措	정돈할 조
揚	나타날 양	楊	버들 양	淺	얕을 천	殘	나머지 잔
億	억 억	憶	생각할 억	天	하늘 천	夭	재앙 요
與	더불어 여	興	일어날 흥	天	하늘 천	夫	남편 부
永	길 영	氷	얼음 빙	撤	걷을 철	撒	뿌릴 살
午	낮 오	牛	소 우	促	재촉할 촉	捉	잡을 착
于	어조사 우	干	방패 간	寸	마디 촌	才	재주 재
雨	비 우	兩	두 량	坦	넓을 탄	垣	낮은담 원
圓	둥글 원	園	동산 원	湯	끓을 탕	陽	볕 양
位	자리 위	泣	울 읍	波	물결 파	彼	저 피
恩	은혜 은	思	생각할 사	抗	항거할 항	坑	묻을 갱
作	지을 작	昨	어제 작	幸	다행 행	莘	매울 신
材	재목 재	村	마을 촌	血	피 혈	皿	접씨 명
沮	막을 저	阻	막힐 조	侯	제후 후	候	모실 후
田	밭 전	由	말미암을 유	休	쉴 휴	体	상여군 분

반대의 뜻을 가진 漢字(1)

加	더할 가	減	덜 감	暖	따뜻할 난	冷	찰 랭
可	옳을 가	否	아니 부	難	어려울 난	易	쉬울 이
甘	달 감	苦	쓸 고	男	사내 남	女	계집 녀
强	강할 강	弱	약할 약	內	안 내	外	바깥 외
開	열 개	閉	닫을 폐	濃	짙을 농	淡	엷을 담
客	손 객	主	주인 주	多	많을 다	少	적을 소
去	갈 거	來	올 래	大	클 대	小	작을 소
乾	마를 건	濕	축축할 습	動	움직일 동	靜	고요할 정
京	서울 경	鄕	시골 향	頭	머리 두	尾	꼬리 미
輕	가벼울 경	重	무거울 중	得	얻을 득	失	잃을 실
苦	괴로울 고	樂	즐거울 락	老	늙을 로	少	젊을 소
高	높을 고	低	낮을 저	利	이로울 리	害	해로울 해
古	예 고	今	이제 금	賣	살 매	買	팔 매
曲	굽을 곡	直	곧을 직	明	밝을 명	暗	어두울 암
功	공 공	過	허물 과	問	물을 문	答	대답할 답
公	공평할 공	私	사사 사	發	떠날 발	着	붙을 착
敎	가르칠 교	學	배울 학	貧	가난할 빈	富	부자 부
貴	귀할 귀	賤	천할 천	上	위 상	下	아래 하
禁	금할 금	許	허락할 허	生	날 생	死	죽을 사
吉	길할 길	凶	언짢을 흉	先	먼저 선	後	뒤 후

반대의 뜻을 가진 漢字(2)

玉	옥	옥	石	돌	석	長	길	장	短	짧을	단
安	편아할	안	危	위태할	위	前	앞	전	後	뒤	후
善	착할	선	惡	악할	악	正	바를	정	誤	그르칠	오
受	받을	수	授	줄	수	早	일찍	조	晚	늦을	만
勝	이길	승	敗	패할	패	朝	아침	조	夕	저녁	석
是	옳을	시	非	아닐	비	晝	낮	주	夜	밤	야
始	비로소	시	終	마칠	종	眞	참	진	假	거짓	가
新	새	신	舊	예	구	進	나아갈	진	退	물러갈	퇴
深	깊을	심	淺	얕을	천	集	모을	집	散	흩어질	산
哀	슬플	애	歡	기쁠	환	天	하늘	천	地	땅	지
溫	따뜻할	온	冷	찰	랭	初	처음	초	終	마칠	종
往	갈	왕	來	올	래	出	나갈	출	入	들	입
優	뛰어날	우	劣	못할	렬	表	겉	표	裏	속	리
遠	멀	원	近	가까울	근	豊	풍년	풍	凶	흉년	흉
有	있을	유	無	없을	무	彼	저	피	此	이	차
陰	그늘	음	陽	볕	양	寒	찰	한	暑	더울	서
異	다를	이	同	한가지	동	虛	빌	허	實	열매	실
因	인할	인	果	결과	과	黑	검을	흑	白	흰	백
自	스스로	자	他	남	타	興	흥할	흥	亡	망할	망
雌	암컷	자	雄	수컷	웅	喜	기쁠	희	悲	슬플	비

同 音 異 義 (1)

소리는 같지만 뜻이 다른 單語등을 모아 漢字공부에 便宜를 꾀하였다.

감사	感謝 監査		근간	根幹 近間 近刊	무기	無期 武器
개화	開花 開化		기구	機構 寄具 氣球	방위	方位 防衛
검사	檢事 檢査		기도	祈禱 企圖	배우	俳優 配偶
경기	景氣 京畿 競技		기사	記事 騎士 技士 技師 己巳 棋士	백화	百花 白花
경전	耕田 慶典 經典				부동	不動 不同
고대	古代 苦待		기상	氣象 起床	사고	思考 事故 社告
고적	古蹟 孤寂 故敵		노력	勞力 努力	사기	詐欺 士氣 死期
공무	公務 工務		녹음	錄音 綠陰	사법	司法 私法
교사	教師 校舍 教唆		답사	答辭 踏査	사상	思想 死傷 史上
교장	校長 教場		도서	圖書 島嶼	선량	選良 善良
국가	國家 國歌		동기	冬期 同期 動機	선전	宣傳 宣戰
국화	菊花 國花		동의	動議 同意	성지	城祉 聖旨 聖地

同 音 異 義 （2）

소생	蘇生 小生 所生	영화	映畫 榮華	장관	長官 壯觀
수도	首都 水道	우수	優秀 右手 雨水 憂愁	재배	栽培 再拜
수신	受信 修身 水神 守神	우편	郵便 右便	재화	財貨 災禍
		유산	遺産 流産	전기	傳記 前期
수업	授業 修業	유지	維持 有志 油紙 油脂	전력	全力 前歷 電力
수익	受益 收益			전문	專門 電文 前文 全文
수입	收入 輸入	은사	恩師 隱士 恩赦		
순간	瞬間 旬刊	의사	醫師 意思 議事	전시	展示 戰時
시장	市場 市長	의원	議員 醫院	전원	田園 全員
식물	食物 植物	의지	意志 依支	전제	專制 前提
신선	新鮮 神仙	이성	理性 異性	제정	制定 祭政
심사	深思 審査	자비	慈悲 自費	주의	主義 注意
안정	安定 安靜			차관	次官 借款
양토	養兎 壤土	자원	資源 自願	통장	通帳 統長
				하기	夏期 下記

4級 漢字能力檢定試驗對備	근간예정
3級 漢字能力檢定試驗對備	근간예정
2級 漢字能力檢定試驗對備	근간예정

판권본보
권사유

6級·5級 漢字能力檢定試驗對備

2014년 5월 25일 인쇄
2014년 5월 30일 발행

글쓴이 • 한자검정시험연구회
펴낸이 • 최 상 일
펴낸곳 • 태을출판사

주 소 • 서울특별시 중구 신당 6동 52-107
등 록 • 1973 1.10(제4-10호)

■ 주문 및 연락처
서울 특별시 중구 신당 6동 제52-107호
전화 • 2237-5577 팩스 • 2233-6166

값 7,000원

03000
9 788949 304458
ISBN 978-89-493-0445-8